Entre o Público e o Privado

FUNDAÇÃO EDITORA DA UNESP

Presidente do Conselho Curador
Marcos Macari

Diretor-Presidente
José Castilho Marques Neto

Editor Executivo
Jézio Hernani Bomfim Gutierre

Conselho Editorial Acadêmico
Antonio Celso Ferreira
Cláudio Antonio Rabello Coelho
Elizabeth Berwerth Stucchi
Kester Carrara
Maria do Rosário Longo Mortatti
Maria Encarnação Beltrão Sposito
Maria Heloísa Martins Dias
Mario Fernando Bolognesi
Paulo José Brando Santilli
Roberto André Kraenkel

Editores Assistentes
Anderson Nobara
Denise Katchuian Dognini
Dida Bessana

NELSON PEDRO-SILVA

Entre o público e o privado
Ensaio sobre o valor da lealdade à palavra empenhada na contemporaneidade

© 2006 Editora UNESP

Direitos de publicação reservados à:
Fundação Editora da UNESP (FEU)
Praça da Sé, 108
01001-900 – São Paulo – SP
Tel.: (0xx11) 3242-7171
Fax: (0xx11) 3242-7172
www.editoraunesp.com.br
feu@editora.unesp.br

CIP – Brasil. Catalogação na fonte
Sindicato Nacional dos Editores de Livros, RJ

S581e

Silva, Nelson Pedro da
    Entre o público e privado: ensaio sobre o valor da lealdade à palavra empenhada na contemporaneidade/Nelson Pedro da Silva. — São Paulo: Editora UNESP, 2006.

    Inclui bibliografia
    ISBN 85-7139-711-2

    1. Lealdade. 2. Valores. 3. Ética. 4. Conduta. I. Título.

06-3968.   CDD 179.9
                                                                    CDU 179.9

Este livro é publicado pelo projeto *Edição de Textos de Docentes e Pós-Graduados da UNESP* – Pró-Reitoria de Pós-Graduação da UNESP (PROPG) / Fundação Editora da UNESP (FEU)

Editora afiliada:

*Aos meus pais, Seu Pedro e Dona Lili.
Eles me ensinaram que um homem só é digno
deste nome quando é justo, honesto, verdadeiro,
generoso e leal à palavra dada.*

O caráter determina o destino do Homem.
Heráclito (séc. VI-V a.C.)

Sumário

Prefácio   11
Apresentação   15

1 Moralidade e psicologia   21
2 Moral e virtudes   59
3 Considerações sobre a lealdade   101

Considerações finais   119
Referências bibliográficas   181

PREFÁCIO

Pode ser chamada de teoria de Psicologia Moral toda reflexão sobre os processos psicológicos que participam da legitimação de valores morais. Assim sendo, mesmo entre os filósofos da moralidade, portanto, entre aqueles que não tiveram como objetivo criar uma psicologia moral, encontram-se teses mais ou menos explícitas a respeito da dimensão psíquica do fenômeno. Por exemplo, quando Stuart Mill, para defender suas teses utilitaristas, afirma que a inclinação primeira e fundamental de todo homem é a busca do prazer e fuga do desprazer, ele está, de fato, lançando mão de uma teoria psicológica. Outro exemplo: quando Kant escreve que a moral não pode ter suas raízes na dimensão sensível das paixões, pois essas se impõem ao homem à sua revelia, colocando-o em posição de heteronomia, ele também está aderindo a uma tese psicológica relativa à relação entre razão e afetividade. Ora, tais tomadas de posição sobre variáveis psicológicas acabam tendo influência nas próprias tomadas de posição axiológicas. Como apontava Hume, freqüentemente verifica-se uma relação, nem sempre explícita, entre o 'ser' (psicológico) e o 'dever ser' (moral).

Entre as teorias propriamente psicológicas da moralidade, ou seja, entre aquelas que não visam a sustentar este ou aquele sistema moral, mas sim encontrar uma explicação psicológica para o referido fenômeno, o tema da relação entre 'ser' e 'dever ser' também está presente. Para algumas, o 'ser' tem características tais que está aberto para a adesão a todo e qualquer sistema moral, para o reconhecimento de todo e qualquer 'dever ser', contanto que esteja presente na cultura na qual vive. É, *grosso modo*, a posição de Freud e de Durkheim. Para outras, pelo contrário, há, no 'ser', disposições psíquicas que o levam virtualmente a preferir certos sistemas em detrimento de outros. O exemplo notório dessa posição encontra-se em Piaget e Kohlberg, autores para os quais o desenvolvimento moral caminha em direção da legitimação de uma moral baseada na justiça e na reciprocidade universal. Em poucas palavras, para eles o 'ser' carrega em si disposições para aderir ao 'dever ser' justo, para o 'dever' respeitar todo e qualquer ser humano e exigir deste a recíproca.

Em resumo, se toda filosofia moral encontra, quase que inevitavelmente, a dimensão psicológica, toda psicologia moral, por sua vez, enfrenta a questão axiológica.

É nesta discussão que encontramos o tema das virtudes. Será o homem um 'saco de virtudes', para retomar a expressão depreciativa cunhada por Kohlberg? Ou será ele inspirado por uma virtude precisa? Se interpretarmos essas indagações do ponto de vista psicológico, caberá ao pesquisador elucidar as tendências profundas do homem. Todavia, se pensarmos essas duas perguntas do ponto de vista filosófico, o problema será outro: deve a moral ser pensada como conjunto de virtudes, como queria Aristóteles, ou haverá apenas uma virtude digna desse nome, aquela que traduz o respeito pelos imperativos categóricos (como o quer Kant). Contudo, como dito acima, os dois planos, psicológico e filosófico, interpenetram-se. Por exemplo, se concordarmos com a psicóloga Gilligan, que identifica uma 'voz' feminina inclinada a valorizar o 'cuidado' pelo próximo, e outra, masculina, inclinada a prezar essencialmente a justiça, seremos obrigados a aceitar moralmente válidas pelo menos duas virtudes (generosidade e justiça), irredutíveis uma a outra. E se, com Aristóteles, pensamos a moral como relacionada à 'vida boa', não se vê porque uma virtude apenas seria lembrada, pois faz todo sentido a presença de um leque delas para o alcance da felicidade: coragem, magnanimidade, temperança, etc.

É nessa complexa e preciosa discussão que o livro de Nelson Pedro-Silva se insere. Além de pensar o lugar das virtudes em geral, ele nos traz reflexões sobre uma delas: a lealdade. Do ponto de vista filosófico cabem as perguntas: lealdade ao que? A quem? A que palavra empenhada? Empenhada em relação a quem? Nelson não se furta a essa reflexão. E do ponto de vista psicológico, cabem outras perguntas: será a lealdade condição necessária ao agir moral? Terá ela gênese própria no desenvolvimento moral? Terá ela função no desenvolvimento moral? Será ela prezada pelos seres morais? E outras mais.

Como se vê, o livro que se vai ler enfrenta questões essenciais, notadamente a do papel das virtudes na moralidade, papel esse ainda pouco estudado pela Psicologia Moral, lacuna, a meu ver, grave para o progresso dessa área. Portanto, parabéns ao Professor Doutor Nelson Pedro-Silva por seu estudo, empenho, inspiração de que a Psicologia Moral tanto precisa.

E parabéns também por sua militância ética. Como se verificará, Nelson não se preocupa apenas em refletir teoricamente sobre a moral, mas dedica-se também a pensar sua presença em nosso mundo contemporâneo, presença esta que ele conclama em alto e bom som. Sabemos que, de vez em quando, ela faz estrondosas aparições, notadamente quando de denúncias de corrupção na cena política ou quando de crimes hediondos, devidamente escolhidos e divulgados pela mídia, mas que, logo depois, ela volta ao segundo ou terceiro plano. Tristemente, notamos que sua presença momentânea parece não deixar traços: eleitos e eleitores voltam às suas antigas preferências e práticas, e novos crimes hediondos são preparados durante a ressaca da opinião pública.

Escrever sobre moral, seja de que ponto de vista for, é uma maneira de emprestar-lhe o oxigênio que não poucos querem lhe recusar.

Yves de La Taille

Apresentação

> A *fidelidade* [lealdade] *não é o edito de uma lei que não é permitido a ninguém ignorar, mas uma virtude que todos podem praticar. Ela não supõe o fato de pertencer, mas a adesão: só posso permanecer fiel a quem estou ligado e que está ligado a mim através de um compromisso que pode ser rompido.*
>
> Andras Zempleni, A *amiga e o estrangeiro*

Lembro-me de que pedia aos meus amigos, irmãos e colegas, quando crianças, que prometessem não delatar a ninguém certas travessuras feitas por mim. Eles, por sua vez, também agiam da mesma maneira, isto é, pediam que eu prometesse não contar nada a ninguém, principalmente aos nossos pais. Esse valor era importantíssimo e os garotos que o respeitavam eram dignos de consideração. Sorte diferente tinham os delatores: quase sempre eram punidos com o desprezo e a exclusão (momentânea ou definitiva) dos grupos de brincadeiras.

Qual não foi minha surpresa lembrar-me de tal acontecimento – há muito tempo, apenas um entre vários atos dos tempos de infância que se "perderam" com o passar dos anos. Isso aconteceu quando, em 1994, ingressei novamente – dessa vez, como professor universitário – em uma escola pública de 1º grau; portanto, depois de transcorridos quase 25 anos dos meus primeiros passos em direção àquele ambiente de desejo de meus pais.

Cabe aqui sublinhar que não foram poucos os dias em que o teor dos sonhos de meus pais era formado pelo desejo de que freqüentasse a escola. E isso mesmo antes de ter nascido e de tampouco passar de mero rascunho dos projetos de adolescentes ávidos por se transformarem em adultos e pais de família.

Lamentavelmente, depois de tantos anos, com essa "visita", pego-me tendo as mesmas reações daqueles tempos, embora a intenção fosse de prestar auxílio aos professores no trabalho com crianças e adolescentes considerados portadores de problemas de aprendizagem e de comportamento, e não mais com a finalidade de aprender as primeiras letras que me transformaria em gente – como reiteradamente salientaram os meus pais. Recordei que, ao ingressar, pela primeira vez, naquele ambiente frio, estranho e até mesmo inóspito, mostrei-me, na ocasião, inábil nos movimentos, a ponto de tropeçar pelos cantos, e com medo e vergonha de tudo e de todos. Era temente às professoras, a ponto de considerá-las quase semideusas. Quanto à diretora, nem sequer conseguia adjetivá-la, pois me faltavam palavras para isso. Elas – certamente, sem o saber e, na época, nem sequer com o interesse em tomar conhecimento – faziam com que, muitas vezes, não me atrevesse a fazer nem a dizer nada. O receio de que fosse desajeitado e, com isso, acabasse provocando tolices era um obstáculo praticamente intransponível. Imagine se, mesmo não sendo por um ato de transgressão às regras escolares, os meus pais ficassem sabendo que eu tinha feito algo considerado errado, ou se fosse humilhado moral e fisicamente – e o que é pior – na presença de todos os colegas da sala, desde a menina mais linda e desejada por mim até os meninos maiores e líderes da sala que invocavam comigo, faziam troças, ameaçavam-me, furtavam meu lanche e as moedas duramente conseguidas para compra de guloseimas na cantina da escola ou nos bares que ficavam nas redondezas?

Reafirmo: podem parecer ao prezado leitor um tanto absurdo e extemporâneo tais reações sentidas por mim ao ingressar novamente numa escola de 1º grau, depois de transcorridos tantos carnavais e aniversários. Infelizmente, dentre vários fatores, acredito que isso se deve ao fato de ter tido a sensação de que as relações escolares praticamente permaneceram inalteradas. Infelizmente, acabo por observar que vários professores – agora, colegas de ofício – continuam a reproduzir com os seus alunos um tipo de relacionamento arbitrário, impositivo e baseado no respeito unilateral, ou seja, o mesmo a que fui submetido no meu tempo de aluno, e isso a despeito de todos os conhecimentos científicos produzidos nas últimas décadas.

Além disso, há professores que permanecem levando adiante determinadas práticas, como a de solicitar dos pequenos a delação de colegas que tenham feito alguma espécie de travessura. Entretanto, confesso que, nessas situações – até com um certo ar de felicidade –, assim como no meu tempo de pequeno, a maioria das crianças, sobretudo as maiores, continua a permanecer em silêncio, mesmo diante das ameaças de punições e independentemente do fato de estarem ou não envolvidas.[1]

Em razão desse aspecto, perguntei-me acerca das razões que levavam, e ainda levam, crianças e adolescentes a apresentar esse tipo de conduta. Inicialmente, cheguei a acreditar que eles agem até hoje dessa forma pelo medo, sem dúvida, lógico de ser punidos posteriormente pelo delatado. Essa suspeita, no entanto, foi, aos poucos, sendo desconsiderada, uma vez que grande parte deles, entre outras razões, afirmava ser um ato de traição delatar um colega ou amigo, por pior que fosse a falta cometida.

Concomitantemente, cada vez mais me interessava estudar o desenvolvimento moral, com a finalidade de fundamentar nossa intervenção na escola, já que parecia residir aí uma das possíveis explicações para a maioria dos problemas encontrados, sobremaneira os de indisciplina.

---

1 É interessante perceber como o nosso olhar é determinado por nossa história de vida e como os problemas, aparentemente produtos de justificativas sociais e científicas, são tecidos a partir dos conflitos entre essa história particular (a *lealdade à palavra dada* da nossa infância, por exemplo) e a social (a atual crise de valores morais e éticos).

Verifiquei que muito se tem investigado a respeito do desenvolvimento infantil e da educação (sobretudo a escolar). Os estudos se concentram, na sua maioria, nas dimensões cognitiva, afetiva, ou procuram relacioná-las à instituição educacional.[2] Todavia, devido à amplitude do assunto, alguns temas têm sido objeto de poucas análises e de discussões, como o do desenvolvimento moral.

Os estudos nessa área feitos no Brasil, e conhecidos por mim, referem-se a ensaios concernentes ao desenvolvimento moral na perspectiva piagetiana (La Taille, 1992), a pesquisas empíricas sobre a consciência e a maneira como as crianças praticam as regras dentro e fora da escola (Menin, 1985, e Freitag, 1984), a trabalhos sobre o impacto de ambientes cooperativos no desenvolvimento moral de escolares de 1º grau (Araújo, 1993, e Lukjanenko, 1995) e, mais recentemente, acerca das relações entre o sentimento de vergonha e a moral (Araújo, 1998, e La Taille, 2000). Entretanto, são praticamente inexistentes estudos e ensaios sobre as virtudes dos estudantes do ensino fundamental, principalmente sobre o valor moral da *lealdade à palavra empenhada*.[3]

Pois bem, proponho-me, no presente ensaio, refletir sobre a força da *lealdade à palavra dada*. É um valor que – na tenra idade, na adolescência e na vida adulta –, para algumas pessoas, determina julgamentos freqüentemente contrários aos deveres e a *qualquer* outro valor moral necessário à existência de *qualquer* sociedade.

Para tanto, no primeiro capítulo, faço uma série de considerações sobre a moral como objeto de estudo da psicologia. Entendo que as regras e os valores que regulam as relações entre as pessoas

---

2 Ver, por exemplo, os trabalhos de Carraher (1991), Castorina (1988), Dornelles (1987), Freitag (1984), Kupfer (1988 e 1990), Macedo (1992), Patto (1987 e 1990) e Piaget (1977 [1948], 1996 [1930] e 1998 [1934]).
3 Fiz levantamento na base de dados eletrônica *Dedalus*, da Universidade de São Paulo (USP), por meio da palavra-chave *virtude*, e encontrei 57 referências. Destas, pouco mais da metade fazia menção às virtudes morais, quase todas na forma de ensaios; apenas uma consistia em estudo empírico (dissertação de mestrado sobre a representação da generosidade entre sujeitos de seis, nove e doze anos de idade).

numa dada sociedade devem ser analisados por essa ciência, apesar de tais aspectos terem sido objeto privilegiado de estudo da antropologia, da filosofia e da sociologia. Como escreveu o especialista em Psicologia da Moralidade Humana Yves de La Taille (1994), "não basta que a Sociologia explique a guerra; é também preciso explicar o guerreiro" (p.20).

O capítulo 1 justifica-se também pelo fato de a lealdade, como explanarei mais adiante, ter ocupado o lugar de valor moral e, portanto, servido como elemento decisório das ações que implicam a harmonia social, ou seja, a vida em sociedade. Nesse sentido, dissertar sobre as relações entre *Moralidade e Psicologia* significa, entre outros aspectos, a) contribuir para a discussão acerca dos princípios diretores da moralidade humana; b) analisar o peso de outras variáveis psicológicas que não só a racionalidade, na determinação de nossas condutas morais; c) conhecer como a moral tem sido abordada pela psicologia; e d) discutir as prováveis razões de a lealdade não ter sido praticamente objeto de análise dos psicólogos, mesmo ante as evidências do seu papel moral ocupado na nossa e em outras sociedades.

No segundo capítulo, *Moral e virtudes*, apresento um conjunto de críticas feitas à concepção de moral defendida, especialmente por Kohlberg (1992). Ele reduz o seu estudo ao campo das relações interpessoais e a um único princípio diretor – a justiça. A problemática de fundo é se a moral deve considerar valores privados (como a coragem e a lealdade), além dos públicos (a justiça, por exemplo). Fundamentado na sistematização feita por La Taille (2000), encerro o referido tópico propondo a construção de uma *Psicologia Moral das Virtudes*.

No terceiro capítulo, analiso fundamentalmente o valor *Lealdade*. Primeiramente, apresento o estatuto que ela tem ocupado na Literatura e na Filosofia. Em seguida, busco discutir a sua constituição e os elementos que devem ser levados em consideração para se discernir um ato de má e de boa lealdade.

No último capítulo, procuro evidenciar e analisar o lugar ocupado pela *Lealdade à palavra empenhada* como elemento componente da atual crise de valores morais e éticos e, igualmente, como ingrediente de vital importância para vários grupos sociais (presidiários, favelados, estudantes) e para a existência de tipos de relacionamentos, como o de amizade e o conjugal.

Cabe-me dizer, ainda, que, no presente ensaio, não me propus a defender o valor *lealdade à palavra dada*, a ponto de atribuir-lhe estatuto de moralidade (no sentido de ser o valor fundamental a permear as relações entre os indivíduos numa dada sociedade), ou a contestar certas filosofias morais, indicadoras do *reto agir*. É uma reflexão psicológica sobre o estatuto da lealdade em nossa vida.[4]

Desejo que o leitor construa inúmeros conhecimentos a partir desse estudo. Talvez esse seja o maior prêmio para nós – professores – que sonhamos e trabalhamos para nos tornar educadores. Porém, se o presente ensaio não satisfizer minimamente às expectativas depositadas, reitero a fala de um intelectual formado pela escola da vida: *saber nunca é demais e não ocupa lugar*.

---

4 Esta reflexão decorre de uma investigação de doutorado de minha autoria intitulada *Entre o público e o privado*: um estudo sobre a fidelidade à palavra empenhada, defendida em abril de 2002, no Programa de Pós-Graduação em Psicologia Escolar e Desenvolvimento Humano do Instituto de Psicologia da USP, orientado pelo Prof. Dr. Yves de La Taille. Sei que é lugar-comum agradecer, e de maneira especial, ao orientador. No meu caso, contudo, além de ter sido uma honra, é produto da minha vontade. Agradeço-lhe pela inspiração teórica, por ter respondido prontamente a todas as minhas dúvidas e por ter me dado tempo e liberdade para construir meu próprio caminho (se bem que eu, na verdade, ainda estou tentando seguir o dele).

1
MORALIDADE E PSICOLOGIA

Considerações preliminares

A moral sempre foi, por excelência, um objeto de estudo da filosofia. Praticamente todos os grandes filósofos, desde os que viveram na Grécia antiga até os mais atuais, refletiram sobre a moral; muitos chegaram a produzir belíssimos tratados acerca da sua essência e do *reto agir* (ação considerada correta). A esse propósito, Penna (1995) afirma que, depois da *Ética a Nicômaco*, de Aristóteles (384-322 a.C.), foi Immanuel Kant (1724-1804) o pensador mais influente da filosofia contemporânea, servindo, como se verá mais adiante, de fio condutor e inspirador da maioria dos estudos científicos sobre a psicologia da moralidade humana.

Apesar dos inúmeros tratados de filosofia prática, escritos no início do século XX, a moral passou a ser vista como um objeto que podia e devia ser abordado cientificamente. Ao publicar o importante texto *La morale et la science des moeurs* (1953 [1902]), Lévy-Bruhl afirma que a filosofia se revela uma forma de conhecimento limitada para a explicação da moral, dado que não consegue separar as dimensões do "ser" e do "dever ser". Por não operar essa cisão, ela contribuiu para a manutenção do *status quo* vigente, pois acabou confundindo o seu significado (ser) com os valores em voga numa determinada época.

Ele criticava também o fato de os filósofos freqüentemente partirem do princípio de que todos os homens são idênticos, em todos os lugares e épocas, além de serem possuidores de uma natureza humana harmoniosa. Para ele, "as obrigações morais do homem, suas crenças, seus sentimentos, suas representações deixam entrever uma complexidade extraordinária" (Lévy-Bruhl, 1953 [1902], p.85). Assim, "nada assegura, a priori, que esta complexidade esconda uma ordem lógica, nem que possa ser explicada por alguns princípios diretores" (idem).

La Taille (1994) assinala que essas críticas feitas por Lévy-Bruhl à filosofia causaram inúmeras polêmicas e foram questionadas por diversos pensadores da época; consideravam, por exemplo, que essas posições poderiam levar ao desaparecimento da moral, pois não faria sentido a sua existência, sendo ela cultural, histórica e, portanto, relativa. Além do mais, eles julgavam hipotética a convicção de que o conhecimento produzido por uma ciência da moralidade humana seria neutro, já que a própria escolha do objeto de estudo reflete uma certa opção ética. Eles questionavam igualmente o fato de Lévy-Bruhl considerar inútil o conhecimento filosófico acerca da moral, pois diziam: para que serviriam conhecimentos sobre a moralidade humana se não fosse com o objetivo de estabelecer juízos de valor?

Sem entrar no mérito das teses defendidas por Lévy-Bruhl e tampouco nas críticas feitas a elas, acredito que esse estudo traduziu o espírito que começava a reinar na época, isto é, demonstrar os limites da filosofia e estudar cientificamente tudo o que se relacionava ao homem, inclusive a moral. É com esse pensamento que, creio, Durkheim (1972 [1902]) apresentou, em seus cursos de educação moral, teses psicológicas sobre a adesão do homem à moral; Freud escreveu ensaios importantes situando a origem da consciência moral no assassinato do pai primevo (1980[1913]) e localizando-a na instância psíquica do superego (1980 [1923])[1], e Piaget, uma década

---

1 Para uma análise mais detalhada sobre o pensamento de Freud acerca da moral, ler, por exemplo, o ensaio de minha autoria "A origem da moral em Freud" (Silva, 1998).

depois, produziu estudos empíricos importantes sobre o juízo moral de crianças.[2]

A psicologia da moralidade de Jean Piaget

Jean Piaget (1896-1980) escreveu uma vasta obra de reconhecida importância sobre o desenvolvimento cognitivo, pouco dissertando a respeito do tema da moralidade. Apesar disso, produziu, além de alguns artigos, um belíssimo texto sobre o juízo moral na criança, configurando-se como o primeiro pesquisador a se dedicar ao estudo da Psicologia da moralidade humana.[3]

Para ele, "toda moral consiste num sistema de regras, e a essência de toda moralidade deve ser procurada no respeito que o indivíduo adquire por essas regras" (Piaget, 1994 [1932], p.23). Partindo dessa definição, o epistemólogo procurou saber como as crianças relacionavam-se com as regras morais. As informações foram obtidas por ele e seus colaboradores, inquirindo e dialogando com um grande número de crianças suíças das cidades de Genebra e de Neuchâtel sobre a prática e a consciência das regras nos jogos infantis, as normas de origem adulta e o princípio de justiça, visto por ele como um dos oriundos das relações entre as crianças.

Apesar de estar consciente das dificuldades que seu estudo envolvia, sobretudo as de ordem metodológica, Piaget estava convencido da sua importância. Diz ele, na introdução: "a moral infantil esclarece, de certo modo, a do adulto. Portanto, nada é mais útil para

---

2 Segundo Freitas (1997), cabe citar também os estudos empíricos desenvolvidos na segunda metade da década de 20 por Hugh Hartshne e Mark May e publicados em três volumes com o título de *Studies in the nature of character*.
3 A obra a que me refiro, *Le jugement moral chez l'enfant*, foi publicada no Brasil em 1977 com o título *Julgamento moral na criança*. Segundo La Taille, que fez o prefácio dessa obra numa edição mais recente, o título mais adequado seria *O juízo moral na criança*, "uma vez que não eram tanto as diversas sentenças tomadas pelas crianças que interessavam a Piaget, mas, sim, a qualidade dos raciocínios que presidiam às decisões" (La Taille, 1992, p.48).

formar os homens do que ensinar a conhecer as leis dessa formação" (Piaget, 1994 [1932], p.22).

Os jogos de regras

Estudando a maneira como as crianças brincavam nos jogos de bolinhas de gude e pique, mediante observação e entrevista clínica, Piaget chegou à seguinte conclusão: assim como a inteligência, o juízo moral infantil apresenta tendências indicadoras de mudanças qualitativas na forma de pensar e de praticar as regras; é óbvio, desde que a realidade solicite tal desenvolvimento com a finalidade de garantir a existência do indivíduo.

A primeira indagação feita pelos estudiosos dispostos a ler o relato das pesquisas feitas por Piaget refere-se às razões que o teriam motivado a iniciar os seus estudos empíricos sobre a moralidade humana justamente com os jogos regrados (afinal, eles não são morais). É possível dizer que um dos maiores pensadores da psicologia do século XX iniciou seus estudos com tal tema porque, assim como a moral, o jogo regrado é uma atividade interindividual, o respeito necessário para a sua efetivação é decorrente de acordos mútuos e envolve valores morais (principalmente honestidade e justiça). A esse respeito, considera-se como uma criança pronunciou-se a propósito da observação feita pelo experimentador de que ela, caso assim desejasse, poderia trapacear no jogo de botões, pois o seu adversário não estava vendo: *ganhar assim, não tem graça.*

A primeira tendência,[4] denominada *anomia*, vai do nascimento até aproximadamente a idade de cinco a seis anos e caracteriza-se pela ausência da moral. A rigor, nesse momento, as crianças não submetem seus comportamentos e a forma de pensar às regras coletivas, mas visam, essencialmente, à satisfação motora e simbólica.

---

4 Chamo de *tendência*, em vez de fase, período ou estágio, pelo fato de o próprio Piaget ter declarado, várias vezes, que não descobrira estágios em relação ao desenvolvimento moral. Assim, heteronomia e autonomia seriam nomes dados a tendências do juízo moral.

O que elas apresentam é um acentuado interesse pela repetição de ações, cuja prática será fundamental para o desenvolvimento moral posterior, pois as regras pressupõem justamente regularidade.

Na *heteronomia*, segunda tendência, que compreende a idade de seis a nove ou dez anos em média, os indivíduos mostram-se, pela primeira vez, interessados em participar de atividades coletivas e permeadas por regras. Diferentemente da tendência posterior (a da *autonomia*), a participação da criança aqui se processa de modo egocêntrico, sendo a relação estabelecida com as outras crianças muito mais aparente do que concreta. Como escreveu La Taille (1992), a participação se dá mais *ao lado*, do que *contra* ou *com* as outras crianças.

Isso acontece porque o pensamento egocêntrico não permite à criança estabelecer relações de reciprocidade. Há, portanto, preponderância do mecanismo de assimilação, o que leva à manutenção intacta da estrutura cognitiva do sujeito envolvido na relação e à deformação das características do objeto. A criança fica, em razão disso, com grandes dificuldades para se colocar no lugar do outro, vivendo, por assim dizer, no seu próprio mundo. O conhecimento e o respeito às regras só ocorrem no discurso, e sua incorporação é decorrente de sentimentos de amor e de ódio em relação aos pais. Em outras palavras, por amor aos progenitores, a criança acaba tomando consciência das regras e apresentando uma atitude de respeito quase sagrado no tocante a elas, a ponto de não aparecer em seu pensamento a possibilidade de se transformar tais regras e a idéia de que elas foram construídas pelos próprios sujeitos.

No entanto, nota-se que as crianças, quando estão jogando, introduzem novas regras com o objetivo de ter uma performance melhor ou consideram todos vitoriosos ao fim do jogo. Isso acontece porque elas ainda não compreenderam que as regras servem como meio para regular e conciliar as diversas ações do grupo de jogadores.

> O menino joga para si. Seu interesse não consiste absolutamente, como acontecerá mais tarde, em concorrer com os companheiros e submeter-se a regras comuns para ver quem será o vencedor. Seus objetivos são outros. Aliás, são duplos... De um lado, a criança sente em alto grau

a necessidade de jogar como os outros, e principalmente com os maiores... Mas, por outro lado, a criança... só visa utilizar para si própria suas aquisições: seu prazer ainda consiste, simplesmente, em desenvolver sua habilidade e conseguir acertar.... Conseqüentemente, pouco importa o que faz o vizinho, pois não se trata de lutar com ele. Pouco importa os pormenores das regras, pois não há contato real entre os jogadores... cada um para si, e todos em comunhão com o Mais Velho; essa poderia ser a fórmula do jogo egocêntrico. (Piaget, 1994 [1932], p.43)

Na *autonomia* (nove ou dez anos de idade em diante), a criança passa a agir e a conceber o jogo regrado de maneira totalmente oposta à apresentada na tendência anterior. Agora, ela não só respeita como cumpre as regras e tem consciência da contradição (caso elas não sejam cumpridas tal como foram apregoadas). Além disso, a criança não mais concebe as regras como imutáveis e independentes da vontade para se concretizarem (como se elas fossem semelhantes a leis físicas). Ao contrário, as regras passam a ser vistas como produto de acordos mútuos e os seus criadores – no caso, os jogadores – como legisladores.

Em virtude desses resultados, Piaget começou a se perguntar se o desenvolvimento do juízo moral seguiria o mesmo percurso observado em relação aos jogos, isto é, se as crianças se relacionariam com as regras propriamente morais, primeiro, de maneira a que se pudesse definir de forma heterônoma e, depois, autônoma.

As normas morais

Piaget prossegue, então, seus estudos sobre o desenvolvimento moral analisando a maneira pela qual as crianças compreendem e chegam a respeitar os diversos deveres morais dispostos pelos adultos. Com esse propósito, ele investigou os juízos morais mediante o emprego de pequenas histórias contendo dilemas sobre desastres materiais, roubo e, principalmente, mentira.[5]

---

5 Mais adiante farei considerações sobre essa opção de Piaget pelo estudo dos juízos morais. Por ora, adianto que ela foi determinada em grande medida pelo

Por exemplo, num dos pares de histórias contadas sobre o tema do roubo, o emérito pensador apresentou duas situações distintas quanto à motivação da ação: na primeira, o furto fora causado por boas intenções; ao passo que na outra, com o propósito de satisfazer interesses pessoais.

a) Alfred encontra um amigo muito pobre. Esse menino lhe diz que não havia almoçado naquele dia, porque em sua casa não havia nada para comer. Então, Alfred entra numa padaria, mas, como não tem dinheiro, aproveita o momento em que o padeiro está de costas para roubar um pãozinho. Sai depressa e dá o pão ao amigo.

b) Henriette entra numa loja. Vê sobre um balcão uma linda fita e acha que ficaria bem em sua roupa. Então, enquanto a vendedora está de costas, rouba a fita e foge logo em seguida. (Piaget, 1994 [1932], p.102)

O resultado obtido é semelhante ao encontrado nos jogos de regras, isto é, a existência de uma tendência de heteronomia antes de se construir a de autonomia.[6]

A criança mostra-se, na *heteronomia*, imersa num tipo de pensamento denominado por Piaget de *realismo moral*, o qual só considera uma ação boa se ela estiver de acordo com as prescrições adultas. "A regra não é absolutamente uma realidade elaborada pela consciência, nem mesmo julgada ou interpretada pela consciência..." (Piaget, 1994 [1932], p.93). Além disso, ela é entendida ao *pé da letra*, e não em função da intenção do praticante. Essa forma de ra-

---

fato de que ele estava consciente das dificuldades (principalmente metodológicas) que envolviam a realização de um estudo acerca dos comportamentos morais e por estar interessado fundamentalmente em investigar o raciocínio das crianças, além da fé nutrida por ele nos poderes da razão. Não se pode esquecer que as preocupações científicas de Piaget eram, antes de tudo, dirigidas à construção de uma epistemologia científica (por mais paradoxal que isso possa parecer, pois a epistemologia é exatamente a designação empregada para definir um dos ramos da filosofia, qual seja, a filosofia da ciência).

6 Piaget não apresenta uma fase de *anomia*, e isso provavelmente pelo nível de desenvolvimento cognitivo e da linguagem das crianças nessa fase e, em conseqüência, pela dificuldade que elas teriam para entender os dilemas.

ciocinar leva as crianças à construção de uma concepção objetiva de responsabilidade, pouco importando se a ação executada foi boa, má, realizada sem querer, ou com o intuito de enganar o outro. Em resumo, para tais indivíduos, interessa unicamente que os atos estejam em conformidade com as regras.

Assim, para o par de histórias apresentado, as crianças heterônomas tendem a julgar mais culpada a criança que roubou o pãozinho (mesmo que tenha sido com a intenção de saciar a fome do colega faminto), por considerá-lo um objeto de maior valor.

Raciocínio similar é empregado no julgamento das histórias que envolvem a mentira e o dano material: é vista como a maior mentira a que mais se afasta da realidade. Dessa maneira, contar à mãe que vira um cachorro tão grande como uma vaca, numa atitude clara de dimensionar o seu espanto com o tamanho do cachorro, parece-lhe uma mentira maior do que a de contar a ela que obtivera boas notas na escola, quando, na verdade, a professora não dera nenhuma, nem boa nem má; e mais grave é o estrago maior (quebrar 10 xícaras sem querer é pior do que quebrar apenas uma em decorrência de ter desobedecido à mãe).

> Toda ordem, partindo de uma pessoa respeitada, é o ponto de partida de uma regra obrigatória... A obrigação de dizer a verdade, de não roubar etc., tantos deveres que a criança sente profundamente, sem que emanem de sua própria consciência: são ordens devidas ao adulto e aceitas pela criança. Por conseqüência, esta moral do dever, sob sua forma original, é essencialmente heterônoma. O bem é obedecer à vontade do adulto. (Piaget, 1994 [1932], p.154)

A partir dos nove ou 10 anos, a criança começa a apresentar características morais totalmente opostas às anteriores. A essa nova maneira de se relacionar com as normas morais, Piaget dá o nome de *autonomia*, cujas características a criança apresenta primeiramente na prática e depois na consciência. Agora, os indivíduos constroem idéias de que fazer o bem nem sempre corresponde a agir de acordo com as regras colocadas pelos adultos. Acrescente-se a isso o fato de as crianças se esforçarem em compreender o espírito das regras e de avaliarem os dilemas segundo o critério da responsabilidade subjetiva. As crianças superam, assim, o realismo moral vigente na fase anterior.

Desse modo, em relação às histórias do furto do pãozinho e da fita, os indivíduos dessa tendência consideram mais culpada a personagem que agiu motivada por interesses egoístas. Quanto à mentira, é vista como a pior a que teve a intenção deliberada de enganar o outro (contar à mãe que tirara boas notas). No tocante ao dano material, é concebido como o mais prejudicial o que foi provocado por desobediência, pois, apesar de os danos materiais maiores terem sido causados pela criança que quebrou 10 xícaras, o seu ato não foi praticado intencionalmente.

A noção de justiça

Dando seguimento aos seus estudos, Piaget pesquisou a psicogênese da noção de justiça entre as crianças.[7] Por meio de dilemas morais, as crianças entrevistadas foram colocadas na posição de juízes e indagadas, entre outros aspectos, sobre as situações e as punições mais justas.

Por exemplo, o pesquisador contava às crianças um dado acontecimento considerado amplamente injusto e solicitava a elas que

---

7 Novamente a questão que surge aqui se refere ao fato de Piaget ter finalizado seus estudos sobre a moralidade humana com o tema da justiça. Poder-se-iam nomear quatro razões: a primeira tem a ver com fato de que, em relação aos deveres morais, foi visto basicamente a moral da heteronomia (logo, tornou-se necessário investigar de modo mais aprofundado a da autonomia); a segunda, como afirma o próprio autor, diz respeito ao fato de a justiça ser a noção moral mais racional e fácil de ser investigada da perspectiva metodológica; terceira, porque ela é praticamente independente da influência adulta para se desenvolver (segundo La Taille (1992), basta tão somente o respeito mútuo e a solidariedade entre as crianças); e, quarta, pelo fato de a virtude/justiça, segundo Aristóteles, reunir todas as outras, além de, conforme Henri Bergson (1859-1941) – filósofo predileto de Piaget na juventude –, envolver idéias de reciprocidade e de equilíbrio (conceitos caros e fundamentais na obra piagetiana).

emitissem seu parecer: "Um pai tinha dois meninos. Um sempre resmungava quando lhe pedia para fazer compra. O outro não gostava tanto de fazê-la, mas ia sem dizer nada. Então o pai mandava mais freqüentemente aquele que não resmungava. O que você acha disso?" (Piaget, 1994 [1932], p.210).

No tocante às punições, Piaget pedia que as crianças informassem qual delas consideravam a mais justa. Por exemplo:

> Um menino brinca em seu quarto. Sua mãe pede-lhe para ir comprar pão para o jantar, porque não há mais em casa. Mas, ao invés de ir logo em seguida, o menino responde que isto o aborrece, que irá daí a pouco etc. Uma hora depois, ainda não foi. Finalmente, chega o jantar e não há pão na mesa. O pai não está contente e pensa como punir o menino da forma mais justa. Pensa em três punições. No dia seguinte, haverá uma festa, e o menino devia, justamente, ir brincar no carrossel: a primeira punição seria, pois, proibir-lhe esse divertimento. Uma vez que não quis ir comprar o pão, não irá ao parque. A segunda punição, na qual pensa o pai, é privar de pão o menino. Resta no armário um pouco de pão do almoço que os pais comerão, mas, uma vez que o menino não foi comprar o pão, não há o suficiente para todos. Neste caso, o menino não tem quase nada para jantar. A terceira punição, na qual pensa o pai, é fazer ao menino a mesma coisa que ele. O pai lhe diria isto: "Você não quis prestar um favor à sua mãe. Muito bem! Não o punirei, mas, quando você pedir um favor, não o farei, e você verá quanto é desagradável não se prestar favor uns aos outros". O menino diz que está bem, mas, alguns dias depois, precisa de um boneco que está muito alto em seu armário. Tenta alcançá-lo, mas é muito pequeno. Sobe numa cadeira, mas ainda assim não o alcança. Vai procurar o pai e pede-lhe para ajudá-lo. Este responde então: "Meu filho, lembra-se de que eu lhe disse 'Você não quis fazer um favor à sua mãe? Agora eu não quero prestar-lhe um favor. Quando você prestar um favor, eu o farei também de boa vontade, mas antes não". – Qual é a mais justa destas três punições? (Piaget, 1994 [1932], p.159-0)

Tem-se, então, para a primeira historieta apresentada, o seguinte desfecho: as crianças menores tendem a avaliar como justa a deci-

ENTRE O PÚBLICO E O PRIVADO 31

são do pai de mandar com mais freqüência um dos filhos comprar pão porque a ordem foi dada por um adulto e, em razão disso, ela é em si justa. As crianças maiores, inversamente, tendem a considerar injusta a realização da tarefa mais freqüentemente só por um dos irmãos. As últimas julgam dessa maneira por terem seu raciocínio guiado mais intensamente pela lógica da igualdade.

Quanto à segunda história, os menores associam à punição mais justa a de maior severidade, que para eles é privar a criança de ir brincar no carrossel. Fica evidente, como afirma Piaget (1994 [1932]), que "a sanção consiste em castigar, em infligir ao culpado uma dor bastante aguda, para fazer-lhe sentir a gravidade de sua falta. Daí, a punição mais justa é (sic) a mais severa" (p.167). De novo, os maiores apresentam reações opostas às dos menores. Para os primeiros, a punição não deve ser medida pelo seu rigor, mas pela eficácia em fazer o autor da injustiça sentir na mesma intensidade as conseqüências de seus atos (que, na história relatada, é o pai recusar-se a ajudar o filho). "O valor de uma punição não é mais medido pela sua severidade. O essencial é fazer ao culpado alguma coisa análoga à que ele mesmo fez, de maneira que compreenda o alcance dos seus atos; ou, ainda, puni-lo pela conseqüência material direta de sua falta, onde isto é possível" (Piaget, 1994 [1932], p.169).

Novamente, observa-se que Piaget encontrou, em relação à justiça, a existência de duas morais opostas: a da heteronomia e a da autonomia. A primeira é a moral do dever e da obediência. Ser justo para essa moral é, de certa maneira, agir segundo os ditames da autoridade adulta ou das leis estabelecidas, e fazer uso da sanção expiatória como forma de punir o infrator, sobretudo por meio da dor. Por ser guiada pela idéia de igualdade ou de eqüidade (em oposição à do dever), a moral da autonomia, que sucede à da heteronomia, ao contrário, separa a justiça dos preceitos instituídos pela sociedade e utiliza-se basicamente de punições decorrentes da justiça distributiva, visando recompor o vínculo social rompido.

... encontramos assim, no campo da justiça como nos campos anteriores, a oposição de duas morais sobre a qual insistimos tão freqüentemente. A moral da autoridade, que é a moral do dever e da obediência, conduz, no campo da justiça, à confusão do que é justo com o conteúdo da lei estabelecida e à aceitação da sanção expiatória. A moral do respeito mútuo, que é a do bem (por oposição ao dever) e da autonomia, conduz, no campo da justiça, ao desenvolvimento da igualdade, noção constitutiva da justiça distributiva, e da reciprocidade. (Piaget, 1994 [1932], p.243)

Essa maneira de se comportar é produto da relação que o indivíduo estabelece com o meio social. Defensor da concepção interacionista, Piaget não acredita na possibilidade de produção de comportamentos morais apenas a partir do meio social, como defendem os estudiosos da corrente da aprendizagem social. "Para ele, assim como não existe O Indivíduo, pensado como unidade isolada, também não há A Sociedade, pensada como um todo ou um ente ao qual uma só palavra pode remeter" (La Taille, 1992, p.58).

Como outros comportamentos, as condutas morais são, igualmente, produtos de relações interindividuais.

As relações interindividuais

É exatamente tecendo considerações sobre as relações interpessoais que Piaget encerra *O juízo moral na criança* (1994 [1932]). Segundo ele, há dois tipos de relações interpessoais que levam, a seu ver, à construção respectivamente da moral heterônoma e da autônoma: a de *coação* e a de *cooperação*.

A fim de validar sua tese, inicialmente, analisa criticamente as defendidas por vários autores, especialmente as do grande sociólogo positivista – reconhecido como um dos fundadores da Sociologia – Emile Durkheim (1858-1917), sobre a responsabilidade e o papel da autoridade na construção da moralidade. Apesar de considerar certa a maioria das idéias desse pensador, Piaget julga algumas delas equivocadas e incompletas (notadamente as que dizem respeito ao conceito de autonomia e aos fatores sociais responsáveis pela construção de personalidades autônomas). Ele objetiva, com isso, demonstrar que, diferentemente do pensamento do referido sociólogo, a vida moral não é *una*, mas resultado da luta entre dois tipos de relações sociais (*coação e cooperação*). A relação de coação é de imposição e, como tal, assimétrica. É o tipo de relação observada geralmente entre adultos e crianças, na qual os primeiros acabam, por sua superioridade física e muitas vezes intelectual, aliados a sentimentos de amor nutridos pelas segundas, impondo a sua maneira de ver e as suas atitudes às crianças. É uma relação constituída, reforçadora do egocentrismo, pois não existe reciprocidade. Disso decorre o respeito unilateral e quase sagrado às leis e autoridades, levando à constituição de uma moral heterônoma.

A cooperação, ao contrário, é uma relação simétrica, tendo como marca a reciprocidade. É constituinte e dependente de acordos. Nela não cabe mais o egocentrismo, pois é necessário que os indivíduos se descentrem, colocando-se no lugar do outro. A cooperação, que pode ser exercitada por meio de trabalhos em grupo, leva ao respeito mútuo e, conseqüentemente, à construção da moralidade autônoma.

> Reconhecemos, com efeito, a existência de duas morais na criança, a da coação e da cooperação. A moral da coação é a moral do dever puro e da heteronomia: a criança aceita do adulto um certo número de ordens às quais deve submeter-se, quaisquer que sejam as circunstâncias. O bem é o que está de acordo, o mal o que não está de acordo com estas ordens: a intenção só desempenha pequeno papel nesta concepção, e a responsabilidade é objetiva. Mas, à margem desta moral, depois em oposição a ela, desenvolve-se, pouco a pouco, uma moral da cooperação, que tem por princípio a solidariedade, que acentua a autonomia da consciência, a intencionalidade e, por conseqüência, a responsabilidade subjetiva. (Piaget, 1994 [1932], p.250)

Dessas considerações depreende-se que, na heteronomia, *o dever determina o bem*, isto é, algo só é considerado bom se estiver em conformidade com as regras instituídas pelo meio social. Já na autonomia, inversamente, *o bem determina o dever*, uma vez que, primeiramente, o grupo estabelece o que é bom para, em seguida, transformá-lo numa obrigação. Como afirma La Taille (1992), "... enquanto a coação fornece um modelo (um conteúdo) a ser seguido, a cooperação fornece um método (uma forma). O bem não é definido de antemão, mas poderá nascer ou se renovar a cada experiência de cooperação" (p.60-1).

Esse livro de Piaget, considerado um clássico da literatura psicológica, provocou a elaboração de outros estudos empíricos sobre a moralidade humana, que, apesar de não terem, a meu ver, apreendido toda a riqueza de possibilidades de pesquisa que oferece *O juízo* (1994[1932]), trouxeram importantes contribuições para a ampliação e a consolidação dessa nova área de conhecimentos. É o caso da teoria de Kohlberg.[8]

A teoria dos estágios de Lawrence Kohlberg

Lawrence Kohlberg (1927-1987) foi considerado, a partir da década de 50 (século XX), o pesquisador mais importante da moralidade humana, a ponto de muitos estudiosos o julgarem o criador do estruturalismo genético, nome dado à abordagem piagetiana. Segundo Freitag (1992), sua importância era tamanha que mais de 50% das pesquisas sobre a psicologia individual e a social, desenvolvidas nos Estados Unidos nas décadas de 60 e 70, fizeram menção a seus escritos.

O citado psicólogo tomou conhecimento das idéias de Piaget sobre o desenvolvimento moral em 1955, quando iniciou estudos visando à obtenção do título de doutor (sua tese foi defendida em 1958). Nessa época, mostrava-se bastante frustrado com os resultados obtidos em suas pesquisas sobre o mapeamento de estruturas inconscientes. Ele notou que a perspectiva psicanalítica jamais possibilitaria que esse intento fosse atingido, além de ter verificado que as respostas dadas pelos sujeitos quase sempre eram as esperadas culturalmente, e não as efetivamente pensadas.

---

8 Esse diagnóstico é compartilhado, igualmente, por outros pesquisadores da psicologia da moralidade humana. Entre eles, destaco Araújo (1998) e La Taille (2000).

O referencial piagetiano da moralidade, ao contrário, possibilitava-lhe levantar as estruturas subjacentes às respostas dadas aos seus dilemas e informava claramente o raciocínio dos sujeitos, em vez de ser mera reprodução dos conteúdos veiculados pelos adultos. "As respostas das crianças e dos adolescentes aos meus dilemas hipotéticos estavam modeladas estruturalmente e eram claramente deles. Ainda que muitas vezes houvesse o intento de dar 'a resposta correta', os estudantes davam razões baseadas em sua lógica interna, mais do que eu ou a cultura adulta havíamos esperado" (Kohlberg, 1992, p.34).

As pesquisas do psicólogo norte-americano tiveram, igualmente, como preocupação, entre outras, verificar a relação entre o desenvolvimento cognitivo e o moral, a teoria dos estágios formulada por ele, a universalidade dos processos cognitivos e morais, os fatores responsáveis pelo desenvolvimento moral, a relação entre julgamento e comportamento moral, bem como a testagem de programas de educação moral, elaborados e implementados por sua equipe de trabalho.

A metodologia kohlbergiana

Alicerçado em Piaget – pelo menos no que concerne aos conceitos de heteronomia e de autonomia e à relação entre moral e razão –, Kohlberg passou a concentrar suas pesquisas no estudo da moralidade humana. Contudo, ao contrário de Piaget, ele se deteve em aspectos da moralidade de adolescentes e adultos, por ter notado, mediante estudos empíricos, que "a psicogênese da moralidade infantil não estava concluída aos 12-13 anos, como imaginava Piaget. A maturidade moral possivelmente só era atingida (se tanto) 10 anos depois, pelo adulto" (Freitag, 1992, p.197).

Essa constatação, aliada a inúmeras pesquisas feitas por ele e seguidores por mais de trinta anos, levou o pesquisador norte-americano a reformular a teoria dos estágios e a elaborar uma metodologia de levantamento e de análise dos dados mais condizente com sua opção e mais sofisticada que a do *Juízo*. Em conseqüência disso, realizou uma série de estudos, em sua maioria mediante o emprego de dilemas que continham sérios conflitos morais, os quais eram submetidos a discussões em grupo – e como Piaget também fez –, a entrevistas clínicas e a diálogos com contra-argumentação.

Desses dilemas, o mais empregado por Kohlberg e seus seguidores foi o de Heinz, muito analisado e debatido por seus opositores. Narrado pelo entrevistador, tal dilema conta a história de um marido desesperado diante da possibilidade da morte de sua esposa. Nele, Kohlberg objetivou verificar como os entrevistados solucionavam o conflito entre, de um lado, garantir a vida de uma pessoa e, de outro, o respeito a um dos direitos mais caros ao povo norte-americano: o de propriedade.

Na Europa, uma mulher estava a ponto de morrer de um estranho câncer. Havia um tratamento medicamentoso que os médicos acreditavam que poderia salvá-la, um remédio que um farmacêutico da mesma cidade havia descoberto recentemente. O farmacêutico estava cobrando dois mil dólares, dez vezes mais do que havia despendido para prepará-lo. O marido da enferma, Heinz, pediu ajuda a todo mundo que conhecia para obter o dinheiro emprestado, conseguindo somente a metade do que o medicamento custava. Disse ao farmacêutico que sua esposa estava morrendo e pediu-lhe que vendesse o remédio mais barato ou que deixasse o pagamento para mais tarde. Porém, o farmacêutico disse não. Desesperado, Heinz roubou, então, o medicamento da farmácia para entregar-lhe a sua mulher. O marido deveria ter feito isto? Por quê? (Kohlberg, 1992, p.198)

Além desse dilema ou conflito, Kohlberg empregou e estudou outros, como um que envolvia a mentira, a autoridade e a lealdade entre irmãs. Conhecida como o "dilema de Louise", a historieta narra a situação vivida pela personagem Judy, de 12 anos, que estava interessada em ir a um concerto musical de *rock and roll*. Como a sua mãe já havia lhe dado autorização para assistir ao espetáculo, a única coisa a ser feita por ela era obter os recursos necessários para a compra do ingresso. Trabalhou, então, como babá e conseguiu juntar o montante necessário. Durante esse tempo, porém, a mãe acabou mudando de opinião e pediu-lhe para gastar o dinheiro na compra das vestimentas de que necessitava. Judy decidiu não obedecer à mãe e, alegando visitar uma amiga, foi ao concerto. Depois de uma semana, Judy conta à irmã mais velha, Louise, que mentiu para a mãe. Como Louise fica sem saber o que fazer, pede-se, então, aos entrevistados que opinem acerca de sua conduta: silenciar-se ou comunicar à mãe a desobediência e a mentira contadas por Judy. No caso de não contar, também é solicitado aos entrevistados que justifiquem a conduta de Louise.

Ao fazer uso de dilemas como os transcritos, Kohlberg acreditava poder mensurar o desenvolvimento moral dos seus sujeitos, o qual poderia ser classificado por níveis. Tal premissa baseava-se, segundo suas reflexões, no pressuposto piagetiano de que as crianças e os adolescentes são seres ativos na construção do seu conhecimento e apresentam uma lógica de funcionamento mental qualitativamente diferente da de outros indivíduos localizados em momentos diferentes do desenvolvimento moral.

É por intermédio de dilemas desse tipo que Kohlberg chega à conclusão de que o desenvolvimento moral se processa por estágios, que apresentam essencialmente as seguintes características:

• baseiam-se em justificativas emitidas pelos indivíduos por causa de suas ações ou das de outros, as quais podem ser de *conteúdo* ou de *estrutura*. No caso de Kohlberg, sua preocupação centraliza-se no julgamento moral de estrutura, pois ele acreditava que o nível de familiaridade com determinado conhecimento e a maneira de lidar com ele estaria, em última análise, limitado ou condicionado pelas estruturas;

• representam estruturas que levam e indicam diferenças qualitativas no modo de pensar, agir ou resolver problemas. Isso significa, no campo da moralidade, que os indivíduos localizados em determinado estágio apresentam um padrão de pensamento e de conduta habitual, independentemente do conteúdo em jogo e das mais variadas situações;

• formam e se desenvolvem segundo uma seqüência fixa e imutável ou uma ordem invariante. O meio físico e social pode acelerar, retardar ou mesmo impedir a sua construção, porém não o salto nem a regressão de um estágio para o outro;

• a maneira de pensar recém-construída não coloca os objetos lado a lado como na anterior, mas os integra, formando um todo organizado, no qual o estágio ou o modo de pensar subseqüente engloba as aquisições precedentes.

Os níveis de desenvolvimento moral

Um aspecto interessante da perspectiva adotada por Kohlberg refere-se à divisão do desenvolvimento moral. Se Piaget assinala a existência de três tendências morais pelas quais o indivíduo pode construir – anomia, heteronomia e autonomia –, Kohlberg, por sua vez, sugere outra tipologia. Para ele, o julgamento moral evolui percorrendo três níveis, sendo que cada um abarca dois períodos.

O primeiro nível, denominado *pré-convencional* ou *pré-moral* (períodos 1 e 2), caracteriza-se pela preponderância do uso de julgamentos guiados por interesses pessoais (egoístas).

No período 1, são classificados todos os indivíduos que não construíram a noção de reciprocidade e reversibilidade. Consideram a autoridade como o *locus* basilar de todas as suas ações (ao menos nos julgamentos), sendo o respeito a ela – a autoridade – decorrente do medo de ser punido. Os atos não são vistos, destarte, a partir da intenção de quem os praticou, mas das conseqüências. "Não considera os interesses dos outros e nem reconhece que são diferentes dos seus próprios, não coordenando os diferentes pontos de vista" (Kohlberg, 1992, p.188). Além disso, eles se mostram confusos na consideração das perspectivas suas e das autoridades.

No período 2, os sujeitos começam a levar em conta a igualdade nas trocas e na realização das tarefas. O indivíduo desse período, entretanto, vive em conflito por ainda apresentar uma concepção individualista, pois, afinal, ele tem consciência de que todas as pessoas perseguem os próprios interesses. Assim, apesar desses rudimentos de reciprocidade e de cooperação, ainda persistem o individualismo e uma certa visão pragmática.

No nível seguinte, o *convencional* (períodos 3 e 4), os julgamentos são regidos por regras impostas pela sociedade, fazendo com que os indivíduos procurem se comportar em razão tanto de suas expectativas quanto das dos outros.

Essas são em essência as características do período 3, em que se dá o predomínio da orientação do tipo "bom menino", que procura agradar e ser agradado. Os indivíduos aqui já se colocam no lugar do outro e procuram validar a regra de fazer somente aquilo que os outros realizam com ele, julgando as ações mais em função das intenções. Esse período apresenta, no entanto, limitações quanto à extensão da capacidade dos indivíduos de se colocarem no lugar uns dos outros, o que é possível apenas em relação às pessoas com as quais eles mantêm vínculo. Como escreve o pesquisador kohlbergiano Bzuneck (1975), "o indivíduo adota papéis estereotipados e coloca-se no lugar de pessoas com as quais possui mais ligação e, por isso, não consegue dar solução completa aos conflitos morais" (p.11).

O período 4 tem como característica principal o respeito à lei e à ordem, já que as regras devem ser respeitadas com o fito de manter íntegra a ordem social vigente. Nesse sentido, ele é diferente do período 1, no qual os sujeitos manifestam, por medo, respeito quase sagrado às leis e autoridades, e do período 3, em que as normas são seguidas porque é o que é esperado de um "bom menino". Para o indivíduo desse período, "as leis devem ser mantidas mesmo em situações extremas, como a de entrar em conflito com os deveres sociais estabelecidos" (Kohlberg, 1992, p.189).

Vale informar que os julgamentos de adolescentes estrangeiros, e notadamente brasileiros, foram classificados sobremaneira nos períodos 3 e 4. Segundo estudo desenvolvido por Freitag (1984) sobre a competência lingüística, moral e lógica de indivíduos em idade escolar, mais de 70% dos adolescentes se encontravam nos períodos 3 e 4 do julgamento moral. Resultados semelhantes foram obtidos por Bzuneck (1979) ao estudar o julgamento moral de adolescentes delinqüentes e não-delinqüentes, sobretudo em relação aos primeiros. Conforme Biaggio (1994), os estudantes de direito e mesmo os juízes com mais de cinco anos de magistratura estavam situados no período 4, quando o interessante, a meu e a seu ver, seria que eles estivessem em um nível mais avançado, tendo em vista as conseqüências de suas decisões.

O terceiro nível de julgamento moral, também dividido em dois períodos (5 e 6), é denominado *pós-convencional*. Nele, os julgamentos são, pela primeira vez, regidos por princípios.

O período 5 leva em consideração o conceito de contrato social, no qual, além do simples respeito às leis, vistas como fixas (período 4), o indivíduo as aborda racionalmente, chegando a submeter sua elaboração a um projeto de sociedade.

O período 6 descreve julgamentos totalmente autônomos, guiados por uma orientação universal, na qual as regras são substituídas por princípios. Nesse sentido, os indivíduos procuram guiar seus julgamentos detendo-se em idéias como as de justiça e de respeito à vida. Enfim, nesse período, são considerados julgamentos moralmente corretos aqueles que, submetidos a imperativos categóricos, se mostram universais e a favor da vida.

Alguns assinalarão a dificuldade de se encontrar pessoas autônomas que têm seus julgamentos e ações guiados apenas por princípios. Sobre isso, Kohlberg (1992), ao apresentar a formulação atual da sua teoria, afirma que a elaboração do sexto período realmente foi difícil, dada a pequena amostra de sujeitos que têm suas condutas dirigidas unicamente por princípios. Apesar disso, considera que – embora raros – eles existem, justificando, assim, a inclusão desse período nos níveis de desenvolvimento moral. Além do mais, a história ofereceu inúmeros exemplos de personalidades que tiveram suas condutas guiadas unicamente por princípios. Conforme Kohlberg, esses foram os casos de Jesus Cristo, Mohandas K. Gandhi e Martin Luther King. Eles não somente foram líderes morais como também foram extremamente desenvolvidos moralmente.

A relação entre julgamento e ação moral

Outro aspecto muito discutido na abordagem kohlbergiana diz respeito à relação entre julgamento e ação moral. Kohlberg considerava que, ao estudar o juízo moral dos sujeitos, estaria revelando não só os seus julgamentos mas também predizendo, em grande medida, seus comportamentos diários. Segundo ele, embora o julgamento não seja condição *suficiente*, é *necessária*, notadamente nos estágios mais evoluídos da consciência moral. Subjacente a essa reflexão, nota-se que Kohlberg nutria uma profunda fé no poder dos fatores cognitivos (racionais) para a determinação da vida moral.

Piaget parecia não compartilhar dessa opinião, pelo menos nos primeiros capítulos de *O juízo* (1994 [1932]). Ao observar os procedimentos adotados pelas crianças menores, quando envolvidas na prática do jogo de bolinhas de gude, Piaget notou que elas manifestavam respeito às regras, mas na prática agiam segundo seu pensamento egocêntrico.

... de um lado, a criança está persuadida de que há regras, "verdadeiras regras", e de que é preciso se conformar com elas, porque são sagradas e obrigatórias; mas, por outro lado, se ela observa vagamente o esquema geral dessas regras (fazer um quadrado, visá-lo etc.), joga, mais ou menos, tal como fazia no decorrer do estágio motor, isto é, para si, sem se incomodar com os companheiros, divertindo-se com seus próprios movimentos muito mais do que com as próprias regras, confundindo sua fantasia com a universalidade (p.79). Dócil na aparência, considerando-se, ela própria, como submissa e como constantemente inspirada pelo espírito dos antigos ou dos deuses, a criança não chegava, realmente, senão a um simulacro da socialidade, para não dizer nada ainda da moralidade. A coação externa não destrói o egocentrismo: ela o encobre e o disfarça, quando não o reforça, até diretamente. (p.64)

Essa maneira de se proceder em relação às regras morais do sujeito heterônomo – de respeito na teoria e de desrespeito na prática – foi, mais recentemente, também demonstrada de forma eloquente na pesquisa desenvolvida por Menin (1985) sobre os comportamentos de crianças em relação às regras colocadas pelos professores. "Parece que para todas as classes a regra mais importante é 'Fazer o que o Professor manda fazer', isto é: *obedecer*. Mas vimos que isso pouco acontece! Eis aí uma prática egocêntrica das regras escolares, tal como Piaget encontrou entre os pequenos no jogo: eles parecem saber o que devem fazer, o como jogar, até dizem algumas regras, mas, na hora 'h', fazem o que querem, como os escolares" (Menin, 1996, p.65, grifo da autora).

Quando analisa as dificuldades para o estudo da relação entre juízo e ação moral, entretanto, Piaget (1994 [1932]) apresenta outra opinião (ao menos no tocante às regras dos jogos infantis), semelhante à que será defendida por Kohlberg: "... o estudo das regras do jogo... fornece já a mais preciosa das indicações: em linhas gerais, podemos dizer que, em tal domínio, encontramos uma certa correspondência – de nenhum modo simples, mas definível – entre os julgamentos das crianças a respeito da regra e da própria prática das regras" (Piaget, 1994 [1932], p.97).

Isso não significa, porém, que Piaget seja partidário da premissa de que o juízo tem uma relação visceral com a ação, a ponto de se poder afirmar, por exemplo, que um indivíduo não furtará, mesmo tendo para isso todas as condições propícias, só por considerar moralmente condenável o roubo. Ele pretende, parece-me, tão-somente afirmar que o juízo tende a se fazer presente quando uma ação moral qualquer é efetivada, mas não que ele seja o determinante dela (ou, no limite, o único). É pelo menos esse o raciocínio que se depreende do seguinte trecho, ainda sobre as relações entre juízo e ação moral:

> ... podemos entender também que a inteligência é suficiente para melhorar a avaliação dos atos, sem que a criança seja, por isso, levada à boa ação. A esse respeito, um vagabundo inteligente responderá talvez melhor que um bom rapaz, pouco dotado... Uma criança, por exemplo, julga no decorrer do interrogatório a mentira *"a"* mais grave que a mentira *"b"*. Quer seja ou não mentirosa no dia-a-dia, isto é, quer pratique ou não aquilo que chama o bem, nós nos perguntamos simplesmente se, na ação, continuará a considerar a mentira *"a"* como mais grave que a mentira *"b"*. Não nos perguntamos então como a criança pratica sua moral, mas como julga o bem e o mal na própria prática dos atos. *É sob esse ponto de vista somente que nos colocamos o problema de saber se os*

julgamentos de valor enunciados no decorrer dos interrogatórios correspondem ou não às avaliações do pensamento moral real. (Piaget, 1994 [1932], p.97-8, grifos meus)

Finalmente, no último capítulo de *O juízo*, "As duas morais da criança e os tipos de relações sociais", Piaget deixa entrever mais uma vez uma certa crença na coerência entre essas dimensões. A esse propósito, La Taille (1992) analisa:

> Embora, na introdução de seu livro, ele (Piaget) tenha advertido o leitor que não contemplará, nas suas pesquisas, a prática moral, vê-se que, nas suas conclusões gerais, ele não mantém esta fronteira entre juízo e ação. Quando, por exemplo, contrapõe-se às idéias de Durkheim sobre educação moral, Piaget não hesita em propor novas atitudes pedagógicas que, segundo ele, são as únicas possíveis para levar o futuro cidadão a *cumprir* o ideal libertário e democrático – e não apenas para levá-lo a ser competente orador ou competente juiz. Em uma palavra, embora restringindo-se empiricamente a recolher discursos morais, Piaget elabora uma teoria que contempla a ação moral. (p.63-4, grifo do autor)

Presumimos que Piaget, quando admite essa ligação, esteja convicto quanto ao poder da razão de interferir nas condutas morais, sobretudo nas dos indivíduos autônomos. Se nos lembrarmos das análises sobre o raciocínio do sujeito heterônomo, notaremos que uma de suas características se refere à dissociação entre juízo e ação, o que freqüentemente é visto quando a criança está jogando: ela concebe as regras como sagradas, mas as modifica em decorrência de interesses pessoais momentâneos.

A regra da coação, ligada ao respeito unilateral, é considerada como sagrada e produz no espírito da criança sentimentos análogos àqueles que caracterizam o conformismo obrigatório das sociedades inferiores. Mas permanece exterior à consciência da criança e não conduz como o desejaria o adulto a uma obediência efetiva. A regra devida ao acordo mútuo e à cooperação enraíza-se, pelo contrário, no interior mesmo da consciência da criança e conduz a uma prática efetiva, na medida em que se associa com a vontade autônoma. (Piaget, 1994 [1932], p.270)

O indivíduo dotado de juízo autônomo, porém, age de modo diferente. Por ser o criador das regras, ele as respeita, mostrando-se pouco motivado a agir de maneira diferente, pois, se assim o fizesse – mesmo ganhando o jogo –, como disse, a vitória não teria valor, "não teria o mesmo sabor", e talvez as angústias produzidas pela contradição entre o pensar e o agir seriam maiores do que o prazer experimentado com a vitória.

Conseqüência: apesar de todas as esperanças depositadas por Piaget nos poderes da razão, não é possível afirmar que ele crê ser ela a única determinante da ação moral. Se fosse assim, ele não teria se referido a uma espécie de "vontade autônoma" como necessária, embora insuficiente, para que o sujeito aja consoante ao seu raciocínio moral.

É pertinente recordar também que Piaget, em escritos posteriores, defendeu explicitamente a tese de uma certa indissociabilidade entre afeto e razão, chegando ao ponto de sugerir que é extemporâneo esse tipo de debate acerca do papel da afetividade e da inteligência nas condutas humanas. Leia-se, por exemplo, o que ele disse sobre este assunto, principalmente sobre a força motriz do amor:

> Desde o período pré-verbal, existe um estreito paralelismo entre o desenvolvimento da afetividade e o das funções intelectuais, já que estes são dois aspectos indissociáveis de cada ação. Em toda conduta, as motivações e o dinamismo energético provêm da afetividade, enquanto as técnicas e o ajustamento dos meios empregados constituem o aspecto cognitivo (senso–motor ou racional). Nunca há ação puramente intelectual (sentimentos múltiplos intervêm, por exemplo: na solução de um problema matemático, interesses, valores, impressão de harmonia etc.), assim como também não há atos que sejam puramente afetivos (*o amor supõe a compreensão*). *Sempre e em todo lugar, nas condutas relacionadas tanto a objetos como a pessoas, os dois elementos intervêm, porque se implicam um ao outro.* Existem apenas espíritos que se interessam mais pelas pessoas do que pelas coisas ou abstrações, enquanto com outros se dá o

inverso. Isto faz com que os primeiros pareçam mais sentimentais e os outros mais secos, mas trata-se, apenas, de condutas e sentimentos que implicam necessariamente ao mesmo tempo a inteligência e a afetividade. (Piaget, 1973 [1964], p.37-8, grifos meus)

Dessa forma, nota-se que, para o referido autor, o raciocínio exerce papel fundamental nas condutas morais dos indivíduos. Contudo, a meu ver, essa não é a interpretação de Kohlberg sobre a relação entre afetividade e inteligência. Arrisco-me a dizer que nem sequer é dado papel de destaque aos afetos nas pesquisas desse psicólogo. Acredito que o psicólogo norte-americano se posicionou como defensor da cognição como exercendo papel decisivo nos comportamentos morais.

O problema dos estágios

Outro aspecto muito enfatizado por Kohlberg é o de que o desenvolvimento moral se processa na forma de estágios. Ele chega a afirmar, em várias passagens de sua obra, principalmente quando procura mostrar a precariedade de algumas correntes teóricas contrárias à sua forma de conceber a psicologia moral, que falta a elas a descrição do seu modelo de desenvolvimento moral na forma de estágios.

Kohlberg (1992) afirma ter tomado esses pressupostos em grande medida da teoria do desenvolvimento moral de Piaget. Embora os estudos piagetianos tenham dado margem a esse raciocínio dos estágios, lê-se, em várias passagens de *O juízo*, que Piaget não defende essa necessidade para a descrição do desenvolvimento moral. Ao contrário, procura mostrar que essa noção, no campo da moralidade, é bastante problemática, como também a de "tipos morais puros". Para ele, o mais acertado seria afirmar a existência de uma certa direção, que o desenvolvimento moral tende a seguir, ou seja, de um estado em que predominam comportamentos de heteronomia para um de autonomia.

Veja-se, por exemplo, o que escreve sobre a responsabilidade objetiva nas ocorrências de desastres materiais e de roubo:

Até os dez anos coexistem dois tipos de respostas [movidas pela responsabilidade objetiva ou subjetiva]. Segundo umas, os atos são avaliados em função do resultado material e independentemente das intenções em jogo. Segundo outras, só importa a intenção. Acontece mesmo de uma só criança julgar ora de acordo com um tipo, ora de acordo com outro. Além disso, uma história leva mais à responsabilidade objetiva que outra. Assim, no pormenor dos fatos, *não poderíamos falar de estágios propriamente ditos*. Mas, em linhas gerais, é incontestável que a responsabilidade objetiva diminui com a idade. (Piaget, 1994 [1932], p.103, grifos meus)

Quando analisa os resultados obtidos por ele e colaboradores com respeito às sanções empregadas pelas crianças, Piaget novamente põe em evidência quanto discorda da existência de estágios no desenvolvimento moral, tal como são definidos por Kohlberg. Ele escreve que, para as crianças menores, o tipo de sanção justa é a expiatória e, para as maiores, a por reciprocidade. "Em média, este segundo modo de reação [aplicação de sanções recíprocas] é observado mais entre os maiores, sendo que o primeiro, mais entre os pequenos. *O primeiro, porém, subsiste em qualquer idade, mesmo entre muitos adultos, favorecido por certos tipos de relações familiares ou sociais*" (Piaget, 1994 [1932], p.159, grifos meus).

O leitor poderia objetar-me que essas advertências de Piaget são mínimas e, portanto, não retiram a importância dada por ele aos estágios.

Segundo a análise estrutural proposta por Ramozzi-Chiarottino (1981), para compreender a vasta obra piagetiana, "não basta considerar afirmações esparsas ou mesmo artigos ou livros esparsos, é necessário entender a famosa 'ordem das razões' de toda a obra". Assim, à maneira de um arqueólogo, o estudioso deve procurar construir o sentido da obra pesquisada por meio do conjunto das marcas deixadas por ele. Embora meus estudos acerca da literatura produzida por Piaget estejam aquém do esperado, não observei nela indícios favoráveis à tese de "tipos morais puros", logo, da existência de estágios. Poder-se-ia talvez construir um paralelo com os períodos do desenvolvimento cognitivo. Mesmo produzindo essa relação, se é forçosamente levado a considerar o seguinte: a maioria dos indivíduos provavelmente tem a competência cognitiva para agir de maneira autônoma, contudo, não a *performance* correspondente. Assim, a maioria dos adultos tem estruturas cognitivas próprias do período operatório formal (logo, são capazes de agir e "pensar" de maneira racional). Contudo, na maior parte do tempo, ela procede de maneira pré-operatória (é egocêntrica e apresenta raciocínio transdutivo), mostrando, entre outras condutas, confusão entre fantasia e realidade e assumindo postura, quase sempre, de preconceito (isto é, da defesa de afirmações calcadas em generalizações indevidas).

Em razão dessas considerações, penso o oposto quanto ao *status* ocupado pelos estágios morais na obra piagetiana, pois, em inúmeras passagens de sua obra, o pesquisador volta a salientar esse problema dos períodos, muitas delas com o mesmo tom de prudência, isto é, que não se entenda o par heteronomia e autonomia como dois estágios morais puros e passíveis de serem encontrados habitualmente. Leia-se, por exemplo, o que ele escreve quando apresenta as suas primeiras conclusões sobre "A regra motora e os dois respeitos":

> ... *não há estágios globais que definam o conjunto da vida psicológica de um indivíduo*, num dado momento de sua evolução: os estágios devem ser concebidos como as fases sucessivas de processos regulares, os quais se reproduzem como ritmos, nos planos superpostos do comportamento e da consciência. Um indivíduo estará, por exemplo, no estágio da autonomia no que se refere à prática de determinado grupo de regras, permanecendo a consciência dessas regras ainda mais eivada de heteronomia, da mesma forma que a prática de outras regras mais refinadas: *portanto, não poderíamos falar de estágios globais caracterizados pela autonomia ou pela heteronomia, mas apenas de fases de heteronomia e de autonomia*, definindo um processo que se repete a propósito de cada novo conjunto de regras ou de cada novo plano de consciência ou de reflexão. (Piaget, 1994 [1932], p.75, grifos meus)[9]

---

9 Além das referências citadas, leiam-se na obra *O juízo*, por exemplo, as contidas nas páginas 34, 78, 109, 113, 164, 165, 176, 196, 203, 215, 238, 243, 286 e 287.

Igualmente, encontrar-se-ão referências contrárias à existência dos estágios em escritos sociológicos posteriores, nos quais Piaget abandona de vez esse seu possível otimismo, nutrido em *O juízo*, de encontrar indivíduos puramente autônomos ou que tenham sua consciência moral regida unicamente pela razão.

...a moral de uma sociedade é comparável a um terreno compósito cujas camadas revelam restos de épocas sucessivas, simplesmente superpostas ou justapostas; alguns espíritos ou algumas partes da sociedade alcançam uma unificação relativa, comparável à sistematização lógica realizada pela elite intelectual, mas esta elite moral encontra resistências maiores em seus esforços inovadores, devido ao respeito pelas tradições estabelecidas. (Piaget, 1973 [1964], p.42)

É até mesmo em tom de desânimo que Piaget faz o seu diagnóstico em face das atrocidades cometidas pelos homens, sobretudo por razões econômicas e ligadas à tradição, revelando todo o seu pessimismo e mal-estar em relação à cultura de sua época.

Quem diz autonomia, em oposição à anomia e à heteronomia, diz, com efeito, atividade disciplinada ou autodisciplina, a igual distância da inércia ou da atividade forçada. É onde a cooperação implica um sistema de normas, diferindo da suposta livre troca cuja liberdade se torna ilusória pela ausência de tais normas. E é porque a verdadeira cooperação é tão frágil e tão rara no estado social dividido entre os interesses e as submissões, assim como a razão permanece tão frágil e tão rara em relação às ilusões subjetivas e aos pesos das tradições. (Piaget, 1973 [1964], p.111)

Apesar da relevância dessas contribuições científicas, construídas por Piaget, Kohlberg e colaboradores para o entendimento da moralidade humana, atualmente, outros estudiosos, tanto no campo da filosofia quanto no da Psicologia, têm questionado algumas conclusões a que eles chegaram, assim como os fatores considerados responsáveis pelos julgamentos e, sobretudo, pelas condutas morais.

A psicologia moral das diferenças de Carol Gilligan

Carol Gilligan (1936-), psicóloga, professora e pesquisadora da Universidade Harvard, ao ministrar cursos sobre a moralidade humana nas décadas de 70 e 80 (séc. XX), conjeturou que as *vozes* masculina e feminina seriam distintas. Em razão disso, realizou várias pesquisas com o intento de investigar a identidade e o desenvolvimento moral tanto de indivíduos do sexo masculino quanto do feminino.

Sua intenção não era a de evidenciar as diferenças de gênero, mas a de demonstrar a insuficiência dos modelos de interpretação empregados até o momento: "... os contrastes entre as vozes femininas e masculinas são apresentados aqui para aclarar uma distinção entre dois modos de pensar e focalizar um problema de interpretação mais do que representar uma generalização sobre ambos os sexos" (Gilligan, 1993, p.12). Ao fazer isso, observou que a visão freudiana, a piagetiana e a kohlbergiana são "sexistas" quanto ao gênero.

Segundo Gilligan, o próprio Freud estava ciente de que toda a sua teoria se baseava na observação do desenvolvimento humano masculino. Isso fez com que, ao tentar explicar o desenvolvimento das mulheres, projetasse aí a concepção masculina de relacionamentos humanos. Procedimento igual, segundo ela, foi adotado por Piaget e Kohlberg.

A pesquisadora acaba, por causa disso, defendendo a premissa de que a interpretação para o desenvolvimento humano modifica-se completamente quando se incluem as narrativas femininas. "Desde que as imagens de relacionamento dão forma à narrativa do desenvolvimento humano, a inclusão das mulheres, ao mudar as imagens, implica uma mudança em toda a explicação" (Gilligan, 1993, p.36).

Estudos realizados

Tal conclusão foi obtida a partir de um estudo desenvolvido por Gilligan com duas crianças de 11 anos, estudantes da mesma sala de aula e com nível cognitivo, educacional e socioeconômico semelhantes. Elas estavam, na ocasião, participando de um grupo de estudos de direitos e de responsabilidades, o qual objetivava, além de contribuir para o desenvolvimento moral de escolares americanos, investigar as suas concepções morais.

No desenrolar do estudo, a referida pesquisadora notou que, em presença do dilema de Heinz, as crianças apresentaram desfechos morais muito diferentes. Esses resultados, aliados a outros obtidos em estudos posteriores, levaram-na a concluir que a teoria freudiana e, principalmente, a kohlbergiana, sobre o desenvolvimento moral, fundamentam-se numa visão "sexista". Tais estudos mostravam de maneira convincente a lógica infantil masculina e, pela ausência de mais estudos empíricos e ancorados numa certa interpretação, consideravam as mulheres moralmente inferiores.

Em virtude disso, ela concluiu que os homens se comportam, perante dilemas morais, como se estivessem diante de um problema matemático. As mulheres, contudo, subordinam suas respostas às prováveis conseqüências que o ato praticado pode produzir, imediatamente e ao longo do tempo, nos relacionamentos. Elas vêem "o mundo constituído de relacionamentos e não de pessoas isoladas, um mundo compatível com conexões humanas em vez de um sistema de regras..." (Gilligan, 1993, p.40).

É interessante observar que o próprio Piaget (1994 [1932]) dá margem a essa crítica – a de que as mulheres são inferiores moralmente – quando estuda a prática e a consciência das regras nos jogos infantis. Argumenta que os jogos utilizados pelas meninas são mais simples, indicando quanto elas são dotadas de um espírito jurídico menos desenvolvido. "A observação mais superficial foi suficiente para mostrar que, em linhas gerais, as meninas têm o espírito jurídico muito menos desenvolvido do que os meninos" (Piaget, 1994 [1932], p.69). Acrescente-se a essas observações o fato de que as meninas talvez sejam mais conformistas do que os meninos em relação às regras, mostrando-se menos preocupadas com a sua elaboração e mais tolerantes na sua aplicação.

Apesar disso, Gilligan nota o mesmo processo verificado no jogo praticado pelos meninos: "primeiramente, um respeito místico pela lei, tida como intocável e de origem transcendente, depois uma cooperação que liberta os indivíduos de seu egocentrismo prático e introduz uma noção nova e imanente da regra" (Piaget, 1994 [1932], p.74).

Cabe dizer, contudo, que, segundo La Taille (2000), essa observação quanto às diferenças de gênero apontadas por Piaget é incidental e, portanto, "em nada interfere no essencial de sua teoria, extremamente igualitária por sinal..." (p.7).

É importante sublinhar que, num ponto, ambos concordam: tanto os homens quanto as mulheres consideram necessária a preservação da vida. A diferença reside na maneira como os conflitos de interesses são resolvidos: para os homens, de modo impessoal, por meio da aplicação das leis inerentes aos sistemas de reciprocidade; para as mulheres, de maneira pessoal, mediante o diálogo e a teia de relacionamentos e posteriores conseqüências. "Assim como o menino confia nas convenções da lógica,... a menina confia num processo de comunicação, presumindo conexão" (Gilligan, 1993, p.40).

A autora nota, porém, que essa forma proposta de solução dos conflitos é legitimada teoricamente, no caso dos homens, e desqualificada, no das meninas. "Embora os pressupostos dele sobre acordo sejam confirmados pela convergência na lógica entre suas respostas e as perguntas feitas, os pressupostos dela são desmentidos pela falta de comunicação, a falta de capacidade do entrevistador de compreender sua resposta" (Gilligan, 1993, p.40-1).

Críticas à concepção kohlbergiana

É nesse contexto que a pesquisadora situa suas críticas à concepção kohlbergiana do desenvolvimento moral. Como escrevi anteriormente, Kohlberg divide o desenvolvimento moral em três níveis, cada qual compreendendo dois estágios. No primeiro nível, a criança tem seus julgamentos guiados por interesses pessoais; no segundo, por convenções sociais, e, no terceiro, por princípios universais. Uma leitura das respostas dadas a partir dessa classificação pode, segundo ela, nos levar a situar a menina em um nível inferior ao do menino, já que a *ética do cuidado* não comparece como valor moral importante nos estágios propostos por Kohlberg. Assim, segundo a autora, ao contrário do que a teoria kohlbergiana permite interpretar, as mulheres não são inferiores nesse aspecto. Elas são, na verdade, diferentes, pois os homens têm seus julgamentos guiados pela *ética da justiça*, ao passo que as mulheres tendem a guiar-se mais por uma *ética do cuidado* com o outro.[10]

> Avaliadas como um misto dos estágios dois e três [respectivamente, nível da auto-satisfação e do cumprimento das convenções sociais], as respostas dela parecem revelar um sentimento de inanidade no mundo, uma inaptidão para pensar sistematicamente sobre os conceitos de moralidade ou lei, uma relutância em desafiar a autoridade ou examinar a lógica das verdades morais recebidas, uma incapacidade até de conceber o agir diretamente para salvar uma vida ou considerar que essa ação, se executada, poderia possivelmente ter um efeito. Como sua confiança nos relacionamentos parece revelar uma permanente dependência e vulnerabilidade, parece ingênua e cognitivamente imatura a sua crença na comunicação como o modo mediante o qual alguém possa resolver dilemas morais. (Gilligan, 1993, p.41)

Entretanto, se os julgamentos apresentados pelas mulheres – quando analisados pela ótica kohlbergiana – permitem esse tipo de interpretação, a imagem que elas têm de si mostra exatamente o inverso. A menina entrevistada, por exemplo, vê-se como alguém muito mais confiante quanto às suas crenças e mais segura nas deci-

---

10 Cabe mais uma vez esclarecer que a autora, ao colocar em evidência as razões motivadoras dos juízos morais masculinos e femininos, pretendia destacar a insuficiência das análises feitas, e não das diferenças sexuais. "Acrescentar uma nova linha de interpretação, baseada nas imagens do pensamento da menina, possibilita não apenas perceber o desenvolvimento onde anteriormente ele não era discernido como também considerar diferenças na compreensão dos relacionamentos sem rotular essas diferenças como melhores ou piores" (Gilligan, 1993, p.36).

sões em relação ao outro. O que muda é somente a forma como ela interpreta os conflitos produzidos no meio social, assunto não levado em consideração na análise das respostas dadas, por exemplo, ao *Dilema de Heinz*.

O mundo dela é um mundo de relacionamentos e verdades psicológicas, onde uma consciência da conexão entre as pessoas enseja o reconhecimento da responsabilidade de uns pelos outros... sua crença na restauradora atividade do cuidado a leva a ver os atores do dilema [*de Heinz*] enfeixados não como adversários numa pendência de direitos, mas como membros de uma rede de relacionamentos de cuja continuidade todos eles dependem. (Gilligan, 1993, p.41-2)

Gilligan (1993) observou que os argumentos eram igualmente diferentes numa situação acerca da lealdade aos amigos. O dilema proposto referia-se ao fato de eles terem visto um amigo pegar um livro pertencente a outro. As respostas informaram que os meninos centralizaram suas reflexões na perda da integridade pessoal caso, ao agirem por amizade, não contassem quem fora o autor do roubo. As meninas preocuparam-se com o fato de que, ao afirmar suas convicções, acabassem, em conseqüência, prejudicando o amigo roubado. Desses resultados a autora conclui o seguinte: "... se os segredos da adolescência masculina giram em torno de abrigar permanentes apegos que não podem ser representados na lógica da equanimidade, os segredos da adolescente feminina pertencem ao silenciamento de sua própria voz, um silêncio imposto pelo desejo de não prejudicar a outros, mas também pelo temor de que, ao falar, sua voz não seja ouvida" (Gilligan, 1993, p.62).

A autora chega, em razão disso, à conclusão de que as respostas dadas se diferenciam pelo fato de que homens e mulheres, diante do mesmo dilema, vêem problemas morais diferentes: para os homens, trata-se de "um conflito entre vida e propriedade, que pode ser solucionado por dedução lógica" e, para as mulheres, "uma ruptura do relacionamento humano, que deve ser emendada com seu próprio fio" (Gilligan, 1993, p.42).

Mais uma vez a análise kohlbergiana parece interpretar adequadamente essa visão masculina sobre a lealdade, mas nada (ou muito pouco) tem a dizer sobre a feminina. À medida que os homens procuram estabelecer prioridades, isto é, solucionar os conflitos por meio do estabelecimento de uma hierarquia de valores, as mulheres centralizam suas preocupações também naqueles que serão excluídos. Cabe esclarecer que a forma como ambos vêem os dilemas não é oposta, mas complementar. "As imagens contrastantes de hierarquia e rede no pensamento das crianças sobre conflito e opções morais aclaram duas perspectivas de moralidade que são complementares em vez de seqüenciais ou opostas" (Gilligan, 1993, p.44).

O significado das diferenças

Dando continuidade aos seus estudos, a autora indagou-se sobre o significado dessas diferenças. À guisa de resposta, perguntou então às crianças em estudo qual a imagem que tinham de si mesmas, como as pessoas as descreveriam, qual solução dariam ao conflito entre optar pela responsabilidade para consigo e para com os outros e o significado da responsabilidade. As respostas indicam que ambas manifestaram preocupações com o outro e em evitar danos. Entretanto, enquanto as respostas do menino se resolviam *a priori*, as da menina eram subordinadas às circunstâncias. "Ela, presumindo conexão, começa a explorar os parâmetros de separação, enquanto ele, presumindo separação, começa a explorar os parâmetros de conexão" (Gilligan, 1993, p.49). É precisamente por isso que a importância dada à separação ou à união leva à construção de diferentes imagens de si e dos relacionamentos.

Os homens retratam o mundo como um lugar de confronto, onde as relações são concebidas como potencialmente perigosas. As mulheres, diferentemente, "enxerga[m] um mundo de cuidado e proteção, uma vida vivida com outros a quem você pode amar tanto ou até mais do que ama a você mesmo". Quanto à responsabilidade, ela significa, no caso dos homens, "*não fazer* o que ele quer porque ele está pensando em outros"; para as mulheres, "*fazer* o que outros contam que ela faça independente do que ela queira" (Gilligan, 1993, p.49, grifos da autora).

Em outro estudo sobre as imagens que as pessoas fazem da violência, Pollak e Gilligan (1982), por intermédio da apresentação das figuras do T.A.T. (*Teste de Apercepção Temática*), chegaram aos mesmos resultados: as mulheres vêem o conteúdo da violência e os lugares em que ela se manifesta de forma diferente da dos homens. A maioria deles formula histórias contendo cenas de violência, enquanto somente uma minoria das mulheres faz referência ao tema e, mesmo assim, nenhuma chega a formular mais do que uma história dessa natureza. Quanto ao conteúdo da violência e onde ela é vista, os homens a vêem mais freqüentemente em situações pessoais íntimas, e as mulheres, como decorrência da competição. Os homens tendem, em outras palavras, a ver o perigo na união e as mulheres, na separação e no isolamento:

... quanto mais as pessoas se juntam nas figuras, as imagens de violência aumentam nas histórias dos homens, ao passo que quanto mais as pessoas se distanciam, aumenta a violência nas histórias das mulheres [...] à medida que as mulheres imaginam as atividades através das quais os relacionamentos são tecidos e mantida a conexão, o mundo da intimidade – que parece tão misterioso e arriscado aos homens – vem, ao contrário, parecer cada vez mais coerente e seguro. (Gilligan, 1993, p.53-4)

As mulheres têm, desse modo, uma concepção moral orientada para o cuidado do outro. As suas projeções – relatadas no teste projetivo – sugerem que o mundo só será seguro se nele houver normas que possam evitar o isolamento e a agressão. Assim, contrariamente às concepções que tendem a vincular a violência a um impulso natural humano a ser reprimido, as mulheres a enxergam como resultante da ruptura da união. É por essa razão que as autoras consideram a predominância de fantasias violentas no homem como indicador da dificuldade que eles têm em se relacionar. "... enquanto as mulheres tentam mudar as regras para preservar o relacionamento, os homens, em acatamento a essas regras, descrevem os relacionamentos como facilmente substituídos" (Gilligan, 1993, p.55).

Em síntese, os trabalhos de Gilligan e colaboradores, ao apontarem a existência de duas vozes (uma masculina e outra feminina) e, conseqüentemente, de dois olhares sobre os conflitos morais, evidenciam que as mulheres são dotadas de uma sensibilidade moral resultante *do reconhecimento de uma necessidade e não de um direito ou de uma obrigação.*

...

Embora essas informações acerca do desenvolvimento moral em função do sexo tenham dado subsídios para a limitação da importância da *ética da justiça*, estudos desenvolvidos posteriormente não confirmaram tais diferenças.

Muitas das pesquisas desenvolvidas por Kohlberg e colaboradores tenderam a mostrar que as diferenças não existiam ou desapareciam quando os sujeitos entrevistados, tanto do sexo masculino quanto do feminino, eram igualmente portadores de educação superior. Levine & Hewer (1992), dois colaboradores de Kohlberg, comentam que, "ao contrário de Freud e Piaget, [Kohlberg] nunca afirmou de forma direta que os homens tinham um senso de justiça mais desenvolvido do que o das mulheres" (p.330).

Walker (1982 apud Levine & Hewer, 1992), ao fazer uma ampla revisão dos estudos de Kohlberg, especula que a atribuição de uma tendência sexista ao seu pensamento pode ter surgido por várias razões, entre as quais se destacam as seguintes:

• uma trivial, referente ao fato de ele ser homem, o que pode tê-lo levado a tomar o ponto de vista masculino na elaboração de sua teoria;

• o uso de amostras exclusivamente masculinas. Apesar de essa falta de representatividade ser uma ameaça real à generalização de seus estudos, outros mais atuais, tanto longitudinais quanto experimentais, fizeram uso também de sujeitos do sexo feminino;

- o uso predominante de protagonistas masculinos em seus dilemas morais. Três estudos investigaram a relação entre o sexo do protagonista e o tipo de raciocínio emitido. O primeiro mostrou que os entrevistados apresentavam um raciocínio mais evoluído quando as historietas apresentavam protagonistas que tinham o mesmo sexo que o do entrevistado. O segundo apresentou resultados opostos. O raciocínio era mais elevado quando o sexo dos protagonistas era diferente do sexo dos entrevistados; e o terceiro não evidenciou nenhuma correlação entre essas variáveis.

Por esse motivo, Walker (1982) diz ser "... possível que exista uma parcialidade sexista na teoria de Kohlberg, em razão de seus estudos estarem baseados em uma amostra exclusivamente masculina, mas isto está por ser verificado" (apud Levine & Hewer, 1992, p.335).

Outro aspecto importante nas reflexões de Gilligan está relacionado à própria redefinição do paradigma da moralidade. Ao afirmar que, ao lado da *ética da justiça*, se deve considerar igualmente a *ética do cuidado* ou da *responsabilidade*, ela oferece subsídios para se pensar que a moral não se resume a um único princípio diretor.

Kohlberg discorda dessa premissa. Para ele, a *ética do cuidado* seria um mero componente da *ética da justiça*, ou, no limite, estaria intimamente ligada a ela, não sendo, portanto, outro princípio diretor da moralidade.

... parece que a justiça e o cuidado definem duas vias separadas e diferentes de desenvolvimento moral... [todavia] *Não cremos que as experiências que levam a um desenvolvimento do juízo moral no que concerne à justiça são diferentes daquelas experiências que levam ao desenvolvimento da ética do cuidado*. A via educativa empregada por nossos colegas para estimular o desenvolvimento do juízo moral se chama a via da "comunidade justa". (Levine & Hewer, 1992, p.333, grifos meus)

Kohlberg e colaboradores sublinham ainda que, se a *ética do cuidado* constituísse, de fato, um princípio diretor da moralidade, faltaria a Gilligan determinar o seu mapa, isto é, como essa ética se desenvolve e quais são as características de cada um dos seus estágios.

Para Gilligan e suas colaboradoras cabe determinar se, na realidade, há estágios "duros" [verdadeiros estágios] dentro da orientação para o cuidado. Se ela quer proclamar que existem estágios de cuidado, conforme o sentido dado por Piaget, terá que demonstrar o movimento progressivo, a seqüência invariante, a totalidade estruturada e as relações entre pensamento e ação para sua orientação, de maneira semelhante ao modo como demonstramos tais características ontogenéticas para a orientação de justiça. (Levine & Hewer, 1992, p.345)

Não me cabe aqui tomar partido por uma ou outra concepção, mesmo porque isso seria mais apropriado, neste momento, a um filósofo. Basta, para os propósitos da presente pesquisa, constatar que, com os trabalhos produzidos por Gilligan, ganha mais sustentação a premissa de que na moralidade não comparece apenas a justiça como valor moral, já que a inclusão da *ética do cuidado* pressupõe, como afirma La Taille (1998a e c), a limitação da importância da *ética da justiça* e a redefinição do objeto de estudo da Psicologia Moral.

2
MORAL E VIRTUDES

A perspectiva aberta por Gilligan (1993), de pensar a moralidade como dirigida por mais de um princípio, tornou-se notadamente intensa, por um lado, a partir das críticas feitas por alguns filósofos aos pressupostos universalistas kantianos contidos nas teorias de desenvolvimento moral de Piaget e de Kohlberg e, por outro, em função da proposta de se voltar a pensar a moralidade segundo a *ética das virtudes*.[1]

O filósofo Owen Flanagan (1944-), a meu ver, o crítico mais contundente – afirma serem as visões piagetiana e kohlbergiana demasiadamente limitadas, pois se apóiam numa concepção que resume a moral, respectivamente, a um conjunto de regras legisladoras das relações interpessoais e à *ética da justiça*.

Segundo a interpretação de Flanagan, Piaget – amparado por Kant – forneceu um paradigma para o estudo científico da morali-

---

[1] Penso que essa crítica ao universalismo kantiano no campo moral está inserida numa mais ampla, que começou a tomar forma com a contracultura norte-americana e as experiências das comunas. Tais movimentos tiveram como marca a crítica radical a todas as opiniões cosmopolitas ou que não aceitavam outras senão as baseadas no consentimento universal. A esse propósito, ver o interessante ensaio de Rouanet sobre "O novo irracionalismo brasileiro", contido em sua coletânea de ensaios intitulada *As razões do iluminismo* (1987).

dade, o que possibilitou a demarcação das origens da consciência moral e a ampliação das possibilidades de estudar o seu desenvolvimento. Ao fazer isso, contribuiu em certa medida para a superação do conceito psicanalítico de *Complexo de Édipo* como a única fonte de investigação da consciência moral.

O filósofo avalia, no entanto, como ingênua, estreita e contestável a concepção moral que resume a moralidade a um conjunto de deveres, regras e obrigações. Além disso, Flanagan questiona outras hipóteses construídas por Piaget sobre o conteúdo e o método de estudo da moralidade. Destaco, entre elas, as suas idéias de desenvolvimento moral, a descrição da psicologia moral em períodos, a primazia da razão na determinação da moralidade, o uso da linguagem como meio de verificação da consciência moral, e o fato de sua concepção de moralidade em direção à autonomia estar centrada na justiça e incidir unicamente nas relações interpessoais.

Tendo em vista as pretensões deste ensaio, e mesmo admitindo a relevância dessas críticas, vou me ater à primeira e à última, isto é, à moral como um conjunto de regras e obrigações que influenciam as relações interpessoais e à noção de justiça.

Críticas à concepção moral piagetiana

Qualquer pesquisador traz consigo, explícita ou implicitamente, uma concepção de homem e de mundo, a qual determina o referencial teórico a ser adotado, a escolha dos problemas a estudar e as conclusões que provavelmente serão obtidas. É isso, inclusive, o que lhe possibilita eleger certas questões como objeto de investigação em detrimento de outras. Se age de modo diferente, é porque razões metodológicas, econômicas ou mesmo idiossincráticas impedem a concretização dos seus propósitos.

Conforme Flanagan (1996 [1991]), a imagem predominante na obra *O juízo*, pelo menos a explícita, é a de que a moral é constituída essencialmente por regras. Essa concepção, segundo o crítico, está fundamentada em Kant, para quem toda a vida moral deve ser produto de deveres e obrigações e caracterizar-se pela passagem do estado de heteronomia para o da autonomia ou da verdadeira autodeterminação.

Alicerçado nesses pressupostos, como já mencionei, Piaget inicia seus estudos verificando como as crianças jogam e qual é a sua consciência a respeito das regras que presidem o jogar. Ele nota que, por volta dos 10 anos, as crianças começam a se relacionar umas com as outras de modo totalmente diferente do que até então faziam, transformando completamente a sua consciência acerca das regras. "À heteronomia sucede a autonomia: a regra do jogo aparece à criança não mais como uma lei exterior, sagrada... imposta pelos adultos, mas como o resultado de uma livre decisão, e como digna de respeito na medida em que é mutuamente consentida" (Piaget, 1994 [1932], p.60). As crianças, então, a partir desse momento, deixam de ver as regras como sagradas e intocáveis e passam a concebê-las como produzidas pelos próprios pares, as quais podem inclusive ser modificadas, desde que isso seja fruto do consentimento mútuo.

Flanagan (1996 [1991]) está de acordo com essas reflexões e até elogia o fato de Piaget ter iniciado seus estudos com os jogos de regras, pois, muitas vezes, as regras de um jogo são condicionadas pela própria vida moral. Entretanto, censura o fato de Piaget não ter salientado que o desenvolvimento das regras dos jogos é diferente das regras morais propriamente ditas. "Afinal de contas, muitos adultos têm, durante toda a sua vida, opiniões abertamente teológicas sobre a origem e a justificação das regras morais" (Flanagan, 1996 [1991], p.223).

A diferença entre as regras de um jogo e as regras morais estabelecidas está, segundo ele, no fato de que podem existir várias regras, inclusive muitas opostas entre si, para um mesmo jogo, ao passo que não existem ou se aprendem várias concepções morais. O caráter de escolha presente num jogo de regras não aparece com freqüência quando se trata de regras morais. Assim, "quando uma criança aprende prescrições morais, ela aprende precisamente seu caráter não facultativo, e normalmente não está em presença de uma gama tão ampla de outros sistemas de regras possíveis" (Flanagan, 1996 [1991], p.223-4).

As regras morais, além do mais, apresentam um caráter de seriedade e de imposição maior do que as dos jogos de regras. Poder-se-ia dizer, em outras palavras, que as regras dos jogos se apresentam como *imperativos hipotéticos* (*pode ser*), e as morais, como *categóricos* (*deve ser*).[2]

Outro aspecto criticado por Flanagan (1996 [1991]) diz respeito à analogia entre vida moral e jogos que apresentam um conjunto de regras (por exemplo, o de bolinhas de gude). Tais jogos pressupõem que todos os jogadores queiram jogá-los segundo determinadas regras. Nesse sentido, o respeito à regra é essencial, já que sem ele a realização do jogo se tornaria impossível. Há, todavia, inúmeros jogos, muitos praticados individualmente, que não solicitam a coordenação de pontos de vista distintos e, portanto, não estão submetidos a coações externas.

Situação semelhante ocorre com uma pessoa quando estabelece objetivos para sua vida, muitas vezes pouco dependente das opiniões alheias, ou quando apresenta atitudes de compaixão e generosidade em relação a um amigo que passa por problemas. Embora em tais situações possam estar presentes condutas decorrentes desse elemento de obrigação, como a tolerância mútua, elas não são, em si, vistas como deveres para o sujeito e tampouco são dependentes de relações interpessoais. Escreve Flanagan:

> Se o jogo oferece uma chave preciosa para descobrir os segredos da personalidade infantil em desenvolvimento, cabe guardar no espírito

---

2 Fiz essa comparação com base nas definições dos dois tipos de imperativos feitos por Kant e apresentados na obra *Fundamentação da metafísica dos costumes* (reproduzida pela segunda vez em 1786 e traduzida para o português por Paulo Quintela em 1948/1960). "Todos os *imperativos* ordenam ou *hipotética* ou *categoricamente*. Os hipotéticos representam a necessidade prática de uma ação possível como meio de alcançar qualquer outra coisa que se quer (ou que é possível que se queira). O imperativo categórico seria aquele que nos representasse uma ação como objetivamente necessária por si mesma, sem relação com qualquer outra finalidade" (p.50, grifos do autor).

que a ação de jogar não consiste simplesmente em jogos. Além disso, os próprios jogos são de numerosos tipos diferentes e apelam para um vasto leque de competências diferentes. É por isso que, por mais útil que seja este método para refletir sobre certos aspectos da compreensão moral, seria um erro conceber a moral como sendo estritamente análoga a um jogo com vários jogadores, com uma estrutura de regras complexa e codificada... seria ilusório crer que todas as pessoas jogam o mesmo jogo, participam de uma atividade idêntica ou aplicam as mesmas regras. (Flanagan, 1996 [1991], p.224-5)

Cabe acrescentar que nem todos os jogos apresentam estruturas de regras complexas e codificadas. Existem inúmeros jogos que não obedecem a essas condições, como é o caso da brincadeira de *pique-esconde*. Afinal, qual o nível de complexidade das regras, tanto do ponto de vista da quantidade quanto da qualidade, exigido nesse tipo de brincar?

Flanagan (1996 [1991]) lembra que o próprio Piaget estava ciente disso quando verificou que os jogos praticados pelas meninas eram bem mais simples do que os dos meninos, ou seja, apresentavam poucas regras. Ele salienta, ainda, que o jogo de amarelinha praticado por elas, caso desejassem, poderia ser complicado indefinidamente. Esse aspecto demonstra, mais uma vez, a fragilidade da tese implicitamente defendida por Piaget de um certo isomorfismo entre os jogos de regras e a vida moral.

Finalmente, os jogos de regras são totalmente estranhos a certos componentes da vida moral, considerados, até por Kant (1960 [1786]), desejáveis e louváveis, como o amor, a amizade e a generosidade. Em relação aos jogos de regras, Flanagan afirma:

> Cada vez que um jogador ou um time ganha um ponto ou melhora sua posição, um outro jogador sofre uma perda correspondente, e no fim há um que ganha e um que perde. Isto distingue o jogo de bolinhas de numerosos jogos de um único jogador (apesar de existirem jogos com um só jogador e com resultado nulo, como o solitário), assim como numerosos jogos ou formas de jogo de vários jogadores, como pular corda, correr, acertar a cesta de basquete, brincar de boneca, representar uma

peça de teatro ou cantar. *É certamente verdadeiro que aspectos importantes da moral têm como objeto a regulação (ou o controle) do comportamento dos indivíduos em situações competitivas. Mas isto não é verdadeiro para toda a vida ética.* (Flanagan, 1996 [1991], p.226-7, grifos meus)

A moral além de regras, deveres e obrigações

É nessa perspectiva que Flanagan (1996 [1991]) critica a visão piagetiana, afirmando ser ela excessivamente limitada, pois se apóia numa concepção que resume a moral a um conjunto de regras, deveres e obrigações, legisladoras das relações interpessoais. O autor chega, inclusive, a ressaltar que o próprio Piaget, em várias passagens de sua obra, fica próximo de admitir que sua visão é restrita, principalmente quando nota que parte da consciência moral afigura-se relativamente independente em relação às regras, sobretudo as que possibilitam a cooperação.

Vejamos um desses trechos, citado por Flanagan, em que Piaget aponta a existência na criança de sentimentos de querer agradar, produzir algo bom ou sentir compaixão pelo outro, que não são impostos pela moral do dever. "Se a criança acha-se com seus irmãos e irmãs ou com seus camaradas de jogo numa sociedade que desenvolve sua necessidade de cooperação e de simpatia mútua, criar-se-á nela *uma moral de um tipo novo*, moral da reciprocidade e não da obediência. Eis aí a verdadeira moral da intenção e da responsabilidade subjetiva" (Piaget, 1969 [1932], p.106, grifos meus).

Segundo Flanagan, a indecisão de Piaget se manifesta de modo ainda mais evidente no terceiro capítulo de *O juízo* (1994 [1932]), intitulado "A cooperação e o desenvolvimento da noção de justiça". Escreve ele: "... se a primeira [moral da heteronomia] se formula em regras e dá, por isso, ensejo ao interrogatório, a segunda [moral da autonomia] deve ser procurada sobretudo nos *movimentos íntimos da consciência* ou nas atitudes sociais pouco fáceis de definir nas conversações com a criança" (Piaget, 1994 [1932], p.156, grifos meus).

Afinal, que *movimentos íntimos* são esses? Piaget não os explicita e, ao agir dessa maneira, oferece, mais uma vez, subsídios para se pensar a moral como não se restringindo unicamente a regras, deveres e obrigações.

Numa outra passagem de *O juízo*, quando analisa a teoria do especialista em Filosofia e em Psicologia Moral e Religiosa Pierre Bovet (1878-1965), Piaget procura demonstrar que os sentimentos do bem são irredutíveis às regras:

> Haveria, sempre e por toda parte, dever na medida em que há respeito, ordens e, por conseguinte, regras. Por outro lado, *o sentimento do bem resultaria daquela tendência mesma que impelem os indivíduos a se respeitarem e situarem-se mentalmente no espírito uns dos outros* [...] *não há nada na forma do dever que obrigue seu conteúdo a estar conforme ao bem*: os deveres não são obrigatórios por causa de seu conteúdo, mas pelo fato de emanarem de indivíduos respeitados [isto é, dignos de valor]. (Piaget, 1994 [1932], p.285-6, grifos meus)

Essas palavras de Piaget mostram quanto ele hesita em considerar o respeito como produto unicamente de uma necessidade racional – já que a moral é, para ele, a lógica da ação –, de sentimentos, como "o medo totalmente moral de decair aos olhos do indivíduo respeitado" (Piaget, 1994 [1932], p.284) ou de valores considerados pelos indivíduos (como o de ser *leal à palavra empenhada*). Adicione-se a isso o fato de que para Piaget não há nada na moral alicerçada em regras que justifique a intenção dos indivíduos de agirem segundo o bem. Flanagan (1996 [1991]), a esse propósito, escreve: "não é suficiente que as pessoas tenham uma concepção autônoma das regras que governam sua vida ética, é preciso também que elas tenham um meio de avaliar de maneira crítica o *conteúdo qualitativo* das regras a partir das quais vivem. Senão, todos os tipos de ideais autônomos suspeitos podem encontrar seu lugar" (p.235, grifos do autor).

A esse propósito, o romance escrito por Sir William Golding, *O senhor das moscas* (1960), é emblemático. Um dos personagens (*Jack*), apesar de plenamente desenvolvido, não age segundo o bem. Ao contrário, faz uso de toda a sua competência cognitiva e moral para subjugar os demais, até o ponto de destruir fisicamente seus opositores.

É em razão disso que Piaget modifica sua tese original com referência à natureza da moral (regras, deveres e obrigações). Segundo Flanagan (1996 [1991]),

... a criança não somente "banha-se nas regras" destinadas a impor coações a seu comportamento, mas é também exposta, simultaneamente, aos bens que oferece a união social assim como a ideais positivos eventualmente distintos (os quais, talvez, não sejam assimiláveis a regras e não representem simples instrumentos úteis para negociar a vida interpessoal) [...] Ele [Piaget] *parece admitir que o bem ético é heterogêneo e que a vida ética não depende de uma capacidade psicológica única e unificada*. (p.236, grifos meus)

É por isso também, acredito, que Piaget se propõe a estudar a noção de justiça como representante dessa nova moral.

A justiça como representante da moral do bem

Piaget justifica sua opção pelo estudo da justiça por considerar que essa noção guarda certa independência em relação às influências do meio social. Apesar de ser reforçado por ele, esse valor é em grande medida decorrente do respeito mútuo entre as crianças e condição inerente da reciprocidade.[3]

Chegaremos à conclusão de que o sentimento de justiça – embora podendo, naturalmente, ser reforçado pelos preceitos e exemplo práti-

---

3 Essa não foi, a meu ver, a única razão que levou Piaget a prosseguir seus estudos sobre o desenvolvimento da moralidade humana com a noção de justiça. Como já me referi em outro momento deste estudo (e voltarei a esse assunto nas páginas seguintes), razões metodológicas e de opção filosófica influenciaram significativamente essa escolha.

co do adulto – é, em boa parte, independente destas influências e não requer, para se desenvolver, senão o respeito mútuo e a solidariedade entre crianças. *É quase sempre à custa e não por causa do adulto que se impõem à consciência infantil as noções do justo e do injusto.* Contrariamente a essa regra, imposta primeiramente do exterior e por muito tempo não compreendida pela criança, como não mentir, a regra de justiça é uma espécie de condição imanente ou de lei de equilíbrio das relações sociais... (Piaget, 1994 [1932], p.156-7, grifos meus)

Flanagan (1996 [1991]), por sua vez, considera essa noção a menos ilustrativa dessa nova moral, uma vez que, ao contrário de outras virtudes, a justiça encontra-se mais intimamente ligada a regras e apresenta-se mais apropriada às relações interpessoais.

... a justiça, apesar de ser um conceito moral complexo, permanece contudo, em uma certa medida, regida por regras (mais do que, por exemplo, a compaixão). Em segundo lugar, a justiça é um conceito moral que é por essência interpessoal, e portanto ela não é talvez representativa de ideais intrapessoais positivos (a coragem, por exemplo) que, apesar de se revelarem também nas práticas sociais, o fazem neste caso de maneira mais complexa, indireta e menos obrigatória. (p.235-6)

A adoção dessa concepção por Piaget parece estar, na verdade, mais ligada a razões metodológicas (justificativa compartilhada por Kohlberg). Ele assinala, por exemplo, a dificuldade de se obter informações sobre os sentimentos presentes nas relações de cooperação e de reciprocidade, por intermédio de interrogatórios. Em virtude disso, usa o fato de considerar mais fácil a análise psicológica da justiça como justificativa para a realização de seu estudo: "se o aspecto afetivo da cooperação e da reciprocidade escapa ao interrogatório, há uma noção, a mais racional sem dúvida das noções morais, que parece resultar diretamente da cooperação, cuja análise psicológica pode ser tentada sem muitas dificuldades: a noção de justiça" (Piaget, 1994 [1932], p.156).

Fica evidente, porém, que a escolha pelo estudo da justiça também está ligada a um certo posicionamento filosófico, já que ele a considera o valor mais racional de todos e a noção que mais parece ser resultante das relações de cooperação. La Taille (1992) chega a sugerir que essa escolha está amparada em reflexões de Bergson.

> Escrevia Bergson que a noção de justiça é a mais relevante de todas as noções morais porque engloba todas as outras: ela envolve idéias matemáticas como as de proporção, peso, compensação, igualdade, e costuma ser evocada pela imagem da balança, símbolo da reciprocidade e do equilíbrio. Estes conceitos, bem familiares à teoria piagetiana, sugerem o motivo pelo qual Piaget resolveu fechar seu ensaio sobre moralidade infantil pelo estudo da justiça, a mais racional de todas as noções morais. (La Taille, 1992, p.53)

De fato, a noção de justiça é mais afeita às relações interpessoais e a regras – pelo menos, se a compararmos, por exemplo, com a generosidade. No entanto, Flanagan (1996 [1991]) não a considera a maior representante da moral autônoma. Nesse ponto, parece ser pertinente resgatar o pensamento de Aristóteles, para quem a justiça é a *virtude das virtudes*, pois compreende as demais (apesar de, acertadamente, não a considerar única). "A justiça é a excelência moral perfeita, *embora não o seja de modo irrestrito*, mas em relação ao próximo. Portanto a justiça é freqüentemente considerada a mais elevada forma de excelência moral, e 'nem a estrela vespertina nem a matutina é tão maravilhosa'; e também se diz proverbialmente que 'na justiça se resume toda a excelência'" (Aristóteles, col. *Os pensadores*, 1996, p.195, grifos meus).

Críticas à virtude da justiça como único princípio diretor da moralidade

Kohlberg tomará a justiça como a única via de acesso ao estudo da moralidade humana e, então, reduzirá a sua investigação e análise a uma concepção deontológica, isto é, a de que toda a vida ética pode ser analisada e é dirigida por um modo de pensar único e unificado.

Levine & Hewer (1992) – membros do grupo de pesquisas coordenado por Kohlberg –, ao analisarem a justiça como o pressuposto básico do campo moral, afirmam que Kohlberg se prendeu a essa virtude por uma série de considerações *metaéticas*, tais como: o fato de seus estudos estarem centrados nas interpretações que expressam orientações universais ou ligados à moral do dever, no sentido kantiano; o interesse pela investigação dos aspectos cognitivos e estruturais dos juízos emitidos. "Para Piaget e para nós mesmos a justiça é a estrutura de interação interpessoal. As 'operações' de justiça, de reciprocidade e de igualdade na interação são paralelas às operações lógicas ou às relações de igualdade e reciprocidade no campo cognitivo e moral" (p.301).

Kohlberg também justifica a sua escolha por entender, assim como Platão, que a primeira virtude de uma sociedade deve ser também a do indivíduo. E, para ele, essa virtude é a justiça. Ele afirma que sua postura está igualmente próxima à de Aristóteles. Embora saiba que o filósofo enumera várias virtudes como condição para se ter uma vida boa, afirma que a justiça ocupa lugar de destaque, pois é a responsável pelo convívio entre as pessoas.

> Aristóteles identifica a moralidade com uma série de virtudes, não somente com uma. Enumera as virtudes da fortaleza, temperança, liberalidade, magnanimidade, disponibilidade, gentileza, veracidade, talento e justiça. Contudo, em certo sentido, a justiça é a virtude moral primeira e geral para Aristóteles, até o ponto em que a virtude moral governa as relações entre uma e outra pessoa da sociedade. A justiça é a única virtude nomeada por Aristóteles, sendo as restantes tidas mais como normas de um ideal de vida boa para um só indivíduo racional. (Kohlberg, 1992, p.233)

Nessa passagem, fica evidente a concepção moral kohlbergiana como conjunto de regras que tem por finalidade regular as relações entre as pessoas. As normas para a construção de uma vida boa não são, assim, interpretadas como uma moral. Em outras palavras, Kohlberg está preocupado unicamente em determinar o *como se deve agir* e não o *como se deve ser*. Todavia, isso não parece significar a sua desconsideração pelo caráter das pessoas e, mesmo, a influência das relações interpessoais. Creio que ele, tão-somente, não inclui tal aspecto na sua concepção de moral ou o considera decorrente dela.

Por tudo isso, Flanagan considera que a ênfase kohlbergiana no caráter racionalista da moral, no estudo feito exclusivamente sob o prisma dos deveres e das obrigações presentes nas relações interpessoais, ou na limitação à análise do tema da justiça tem a ver com a difusão da visão cognitivista de Piaget por Kohlberg, que se tornou predominante nos estudos sobre o desenvolvimento moral.

A idéia de que uma concepção da moral exclusivamente centrada nos direitos, nos deveres e nas obrigações... não é uma invenção recente.... O fato de que outros aspectos da moral tenham desaparecido do quadro da psicologia moral é, em grande medida, devido à predominância do pensamento de Lawrence Kohlberg. Em vez de explorar esta lacuna da teoria de Piaget, Kohlberg a recobre, apropriando-se de maneira obstinada de tudo o que é mais racionalista na obra de Piaget. (Flanagan, 1996 [1991], p.236-7)

Essa apropriação parcial ou tendenciosa da teoria de desenvolvimento moral piagetiana por Kohlberg, conforme Flanagan, pode ser verificada em diversas passagens da obra de Piaget, principalmente quando ele se refere à presença de outras virtudes morais.

Logo no início da obra *O juízo*, por exemplo, quando ele tece considerações sobre os jogos, sublinha que as crianças são levadas a obedecer às regras por uma espécie de *boa vontade*, e não só por uma espécie de necessidade – curiosamente, de origem desconhecida ou não evidenciada – de respeitar a lei.

Ora, como em todas as realidades ditas morais, as regras do jogo de bolinhas se transmitem de geração a geração e se mantêm unicamente graças ao respeito que os indivíduos têm por elas.... Os menores que começam a jogar, aos poucos, são dirigidos pelos maiores no respeito à lei, e, além disso, *inclinam-se de boa vontade para essa virtude*, eminentemente característica da dignidade humana, que consiste em observar corretamente as normas do jogo. (Piaget, 1994 [1932], p.24, grifos meus)

Em outra passagem da mesma obra, quando analisa as relações estabelecidas entre as crianças e entre elas e os seus pais, Piaget informa sobre a existência de outras virtudes (a generosidade, por exemplo), as quais não foram impostas e, logo, não são decorrentes da moral da obediência. "Há uma afeição mútua espontânea que impele a criança, desde o princípio, a atos de generosidade e mesmo de sacrifício, a demonstrações comoventes que não estão absolutamente prescritas. Aí está, sem dúvida nenhuma, o ponto de partida daquela moral do bem que veremos desenvolver-se à margem daquela do dever e que triunfará completamente em alguns indivíduos" (Piaget, 1994 [1932], p.154).

Ao discutir se realmente as crianças consideram úteis as punições, o autor acaba novamente por referir-se à generosidade como uma possível virtude que influencia as condutas morais, a ponto de oferecer melhores resultados a fim de se impedir a reincidência do delito. Indaga Piaget: "está a criança verdadeiramente convencida da utilidade da punição? Não acha ela muitas vezes que, apelando no momento oportuno para sua generosidade, conseguiríamos melhores resultados?" (Piaget, 1994 [1932], p.171).

Sobre as relações entre a noção de justiça e a autoridade adulta, Piaget mostra que há uma fase em que as crianças, mesmo considerando injustas as ordens recebidas pelos adultos, obedecem-nas por gentileza.

... se a justiça rigorosa se opõe à obediência, a eqüidade exige que se considerem as relações especiais de afeição que unem a criança aos pais: uma prestação de serviços, mesmo injusta do ponto de vista da igualdade, torna-se, assim, legítima, como livre manifestação de complacência. Esta segunda atitude só se observa entre os maiores; os menores confundem, quase sistematicamente, a gentileza com a obediência. (Piaget, 1994 [1932], p.214)

Ainda sobre esse assunto, Piaget nota que, em muitas ocasiões, as crianças são guiadas nas suas condutas por outros valores. Quando investiga, por exemplo, o tema da responsabilidade coletiva (considerar certo que todos sejam punidos quando o culpado é desconhecido ou ninguém quer denunciá-lo), ele observa que muitas crianças têm suas condutas guiadas por solidariedade.

Vê-se, então, que Kohlberg procurou ser *mais realista do que o rei* ao defender uma concepção deontológica e racionalista da moralidade humana, isto é, superestimou e subestimou, igualmente, aspectos importantes apontados na obra piagetiana sobre o desenvolvimento moral.

Para uma psicologia moral das virtudes

Partindo igualmente de uma reflexão filosófica, Robert L. Campbell & John C. Christopher (1996) tecem críticas aos pressupostos que norteiam os modelos de interpretação do desenvolvimento moral, semelhantes às feitas por Flanagan (1996 [1991]), bem como propõem outra direção para as pesquisas psicológicas sobre a moralidade humana.

Os autores argumentam que o paradigma dominante nessas pesquisas é o da filosofia moral de Kant, para quem a ação só é considerada moral se estiver de acordo com o *dever*, e for feita *por dever*. Apesar de os indivíduos poderem, por inclinação ou interesse, agir conforme o dever, essa ação só será considerada boa – entenda-se, moral – se o motivo que a determinou for passível de universalidade. Nesse sentido, a ação será executada porque racionalmente se concluiu ser válida para todos os seres racionais, e não em virtude de "interesses pessoais".

Dessa concepção, segundo os autores, são extraídas pelos pesquisadores da moralidade humana duas perspectivas complementares: a *formalista* e a *altruísta*. A primeira, como o próprio nome sugere, privilegia a forma do raciocínio moral em detrimento do seu conteúdo; a segunda concebe a ação moral como essencialmente voltada para o outro, pois está baseada no sacrifício dos interesses pessoais em nome dos alheios. Logo, tem-se uma moral referenciada no outro – *other-regarding*.

Esse olhar sobre a moral é excessivamente estreito, argumentam Campbell & Christopher (1996), na medida em que deixa de lado – como objeto de pesquisa – valores intrapessoais (*self-regarding*) considerados morais e desejáveis por várias sociedades, como, por exemplo, a coragem e a honestidade para consigo mesmo. Eles alegam, igualmente, que a moral não pode ser concebida como exclusivamente pautada na *ética da justiça* e/ou na do *cuidado* (*care*), como parecem propor, respectivamente, Kohlberg e Gilligan. As pessoas desenvolvem suas orientações morais guiadas, muitas vezes, por valores e objetivos considerados válidos e legítimos para elas próprias, sendo que eles freqüentemente estão distantes ou não são decorrentes de deveres morais.

Tendo ainda como objeto de crítica os pressupostos kantianos, Campbell & Christopher questionam também o caráter racionalista da maioria das pesquisas sobre o desenvolvimento moral. Eles acreditam que essa visão subordina todo o desenvolvimento moral ao cognitivo, deixando à margem outros aspectos intimamente ligados às condutas morais. O desenvolvimento moral não pode, como fez Kohlberg, ser visto como um órgão pertencente ao sistema cognitivo. Eles indagam: "Será que o desenvolvimento moral é apenas um departamento do desenvolvimento cognitivo, como queria acreditar Kohlberg? Ou será que aqueles que o estudam devem tratar de objetivos, valores, emoções, personalidades e hábitos de ação?" (Campbell & Cristopher, 1996, p.35). Evidentemente, as respostas dadas por eles vão no sentido da ampliação do campo de estudos da Psicologia Moral.

Ernst Tugendhat (1930-), filósofo que tem como temas de reflexão a ética e a linguagem, tece crítica semelhante quando se refere ao fundamento (princípios) que, segundo Kant, determina a ação moral. Ele até está de acordo com Kant (1960 [1786]) quanto ao "conteúdo" do imperativo categórico (*que eu também possa querer que minha máxima deva tornar-se uma lei universal*), se o objeto envolvido for o de viver em sociedade. Porém, discorda dele no tocante à idéia de que o fundamento da moral se assenta numa razão pura, livre do mundo empírico e das inclinações (sentimentos).

Cabe esclarecer, segundo Tugendhat (1996), que Kant (1960 [1786]) até concorda que as ações morais são determinadas pelos sentimentos. Contudo, ele *quer* que a razão ocupe esse lugar. Como ele salienta, Kant parece operar um salto, do *imperativo hipotético* (*pode ser*) para o *categórico* (*deve ser*), excluindo qualquer possibilidade de interferência da vontade – o querer livre (desde que, bem entendido, se queira considerar determinado ato moral). Leiam-se as considerações de Tugendhat (1996) quando se refere à análise da proposição formal de Kant:

> 'P, se se deixa determinar exclusivamente pela razão, *quer* necessariamente x', então podemos ver agora que Kant nem contesta esta proposição, mas que ele apenas questiona pela possibilidade de P deixar-se determinar exclusivamente pela razão – *sem inclinações*. Que o ser humano, quando se deixa determinar pela razão pura, necessariamente vai querer *x*, é de fato analítico... Mas que ele pode deixar-se determinar pela razão pura, isto deve parecer um prodígio... não só, que é tão difícil (e na minha opinião: impossível) tornar inteligível uma proposição que pretende que fazer algo seja racional em si e não apenas relativamente, mas ainda também que a motivação correspondente vai contra o antropologicamente [diria, também, psicologicamente] compreensível e faz Kant apelar a uma proposição sintética *a priori*, que o obrigará por sua vez então à suposição, que o homem só pode ser moral, se ele é ao mesmo tempo compreendido como membro de um mundo supra-sensível. (p.168, grifos meus)

Charles Taylor (1931-), professor de Filosofia Moral, ao analisar os vários aspectos do conceito de *identidade moderna*, concorda com as críticas feitas por Flanagan (1991[1996]), por Campbell & Christopher (1996) e por Tugendhat (1996) acerca do reducionismo da moral. Taylor (1997[1989]) argumenta que a filosofia moral moderna "tendeu a se concentrar mais *no que é certo fazer* do que *no que é bom ser*, antes na definição do conteúdo da obrigação do que na natureza do bem viver..." (p.15, grifos meus).

Para o referido autor, tal concepção – que tem Kant como principal representante – é insuficiente, pois subjuga a moral a obrigações que dizem respeito ao relacionamento com os outros e deixa à margem o próprio eu.

A moral, conforme Taylor (1997 [1989]), até pode ser concebida como um conjunto de obrigações que se deve ter para com os demais. Ao adotar essa definição, contudo, acaba-se deixando de lado questões de *forte valor* moral, as quais são importantes para si e para os outros e, além disso, ultrapassam essa visão estreita. Por exemplo, existem questões relacionadas ao modo como vou viver a minha vida, à maneira como conseguirei satisfazer melhor os meus interesses e às demandas depositadas por outras pessoas em relação a mim, até as referentes à constituição de uma vida boa e significativa.

Para compreender nosso mundo moral, segundo o autor, não se deve assim levar em conta, apenas, o nosso respeito para com os outros. É necessário também apontar a noção que temos acerca de uma vida plena.

Cabe dizer que Taylor também faz crítica severa à concepção moral naturalista e utilitarista. Para esse autor, a concepção moral naturalista é equivocada, pois considera que a ação é determinada por fatores relacionados à natureza do homem. Quanto ao utilitarismo – doutrina formulada por Jeremy Bentham (1748-1832) e desenvolvida por John Stuart Mill (1806-1873), cuja premissa básica é a de que as ações, boas ou más, são avaliadas segundo o critério da *felicidade com um mínimo de sofrimento* –, os questionamentos incidem, sobretudo, no fato de essa concepção praticamente não estabelecer critérios definidores do *bem geral*, além de defender a idéia de sacrifício de uma minoria em prol da maioria e de desconsiderar as intenções e interesses determinantes de uma ação em função dos resultados.

Em razão dessas objeções, esse autor se propõe a refletir sobre o conceito de identidade e sua articulação com a moral, relação, segundo ele, deixada de lado em virtude da natureza pluralista das sociedades modernas (que acabou levando ao relativismo moral) e da influência dos paradigmas que se preocuparam *em definir o conteúdo da obrigação, ao invés da natureza da vida boa.*

A 'moralidade', com efeito, pode ser e com freqüência é definida tão-somente em termos do respeito aos outros. Considera-se que a categoria da moral abrange precisamente nossas obrigações para com as outras pessoas. *Se, contudo, adotarmos essa definição, teremos de admitir que existem outras questões além da moral que são de essencial importância para nós e põem em jogo uma avaliação forte.* Há questões sobre como vou levar minha vida que remetem ao aspecto de que tipo de vida vale a pena ter ou que tipo de vida vai cumprir a promessa implícita em meus talentos particulares, nas exigências incidentes sobre alguém com minha capacidade, ou do que constitui uma vida rica e significativa em contraposição a uma vida voltada para questões secundárias ou trivialidades. Trata-se de interrogações de avaliação forte, visto que quem as faz não tem dúvida de que se possa, ao seguir os próprios anseios e desejos imediatos, dar um mau passo e, em conseqüência, fracassar na tarefa de levar uma vida plena. (Taylor, 1997 [1989], p.28-9, grifos meus)

Em resumo, o citado filósofo considera necessário, para a compreensão do mundo moral, analisar as idéias que fundamentam as noções de uma vida plena, e não somente as que subjazem no sentido de respeito pelos outros. Além disso, há os conhecimentos relacionados com a dignidade. Ele se refere, aqui, aos aspectos que tornam as pessoas merecedoras ou não de respeito. "Não me refiro agora ao respeito a direitos, no sentido da não-violação, que podemos denominar respeito 'ativo', mas ao pensar bem de alguém, até mesmo admirá-lo, que é o que está implícito quando dizemos na linguagem comum que alguém tem nosso respeito [consideração]" (Taylor, 1997 [1989], p.29).

Segundo La Taille (2000), existem outros fatores que concorrem para a construção das representações de si e, conseqüentemente, são determinantes da conduta moral. Por exemplo, a influência de modelos (imitação), as conseqüências decorrentes da realização de determinada atividade e o processo de auto-avaliação. Entretanto, creio, tais aspectos estão contidos no conceito de dignidade formulado por Taylor (1997 [1989]): afinal, só vou considerar-me digno se agir conforme as expectativas dos outros julgadas importantes para nós e se me sentir satisfeito com elas. Essa necessidade de ser merecedor de respeito não é menos importante do que o dever de respeitar os direitos alheios ou de constituir uma vida plena (como devo ser). Ao contrário, a dignidade está integrada às nossas condutas, *pois se sabe objeto de olhares alheios e que é moldado por eles.*[4]

> A maneira mesma como andamos, nos movemos, gesticulamos e falamos é moldada desde os primeiros momentos por nossa consciência de estar na presença de outros, de nos encontrarmos num espaço público e de que esse espaço pode trazer potencialmente o respeito ou o desprezo, o orgulho ou a vergonha. Nosso estilo de movimentação física exprime a maneira como nos vemos gozando de respeito ou carentes dele, como merecendo-o ou deixando de merecê-lo. Algumas pessoas passam rapidamente pelo espaço público como se o evitassem; outras passam precipitadamente como se esperassem fugir à questão da impressão que causam nele pela própria determinação séria com a qual transitam por ele; outros ainda passeiam com segurança, saboreando seus momentos nesse âmbito; e há também os que assumem um ar superior, confiantes na maneira como sua presença marca o espaço público. (Taylor, 1997 [1989], p.30)

A esse propósito, La Taille (2000) afirma que os julgamentos alheios exercem influência considerável na determinação das condutas, mesmo em indivíduos julgados "autônomos" – a não ser que eles sejam heróis, tipos raros na nossa sociedade (como bem assinala Flanagan, 1996 [1991]). Assim, o sujeito procura na construção de sua auto-imagem associá-la a determinados valores estimados, sobremaneira, pelos grupos de pertencimento. Dessa maneira, os sujeitos são dependentes de tais valores para a manutenção e o fortalecimento da própria identidade. Sem essa subordinação, provavelmente os *seres humanos* deixariam de existir como *seres civilizados.* É exatamente essa a tese que Taylor parece sugerir quando faz considerações sobre o papel determinante da dignidade nas condutas morais, e a de Audard (1993 *apud* La Taille, 2000) sobre o ser autônomo: "'é preci-

---

4 Mais adiante, tratarei detalhadamente dessa questão de ser objeto do olhar de outrem e, em conseqüência, da busca por uma *imagem positiva de si.*

so ser herói para continuar acreditando no próprio valor quando as marcas exteriores do reconhecimento social desaparecem (...); a autonomia não passa de uma abstração se não é prolongada pelo reconhecimento social'" (*idem*, p.38).

Essa afirmação parece ser contrária à defendida por Kohlberg e pode igualmente ser concluída a partir dos estudos piagetianos sobre a moralidade humana, de que não é possível a regressão moral, uma vez atingido certo patamar de desenvolvimento (como o da autonomia). Penso o oposto. A referida afirmação alerta para os seguintes aspectos: a) a dificuldade de se agir coerentemente com o nível moral que possuímos, em virtude das pressões sociais; b) o fato de que um indivíduo plenamente autônomo – portanto, plenamente coerente, dotado de *representações de si* lógicas entre si e capaz de resistir às pressões do meio social – é, muito mais, um *telum* (estímulo para se alcançar determinado objetivo, no caso, ser autônomo) do que efetivamente uma possibilidade, e c) mesmo para os indivíduos autônomos, há a necessidade da existência de certas pessoas que dêem guarida às suas condutas. Cabe esclarecer que o otimismo nutrido por Piaget em *O juízo* acerca dos poderes da autonomia – e mesmo sobre uma certa tranqüilidade para alcançá-la – é relativizado por ele mesmo, como se lê num ensaio de sua autoria sobre as relações entre inteligência e afetividade:

> Para o adulto, desprezar os juízos de outrem é quase impossível. Poderíamos pensar na situação na qual se encontraram muitos grandes homens cuja obra foi incompreendida durante muito tempo, pintores, músicos que não tinham audiência do público. Mas percebemos que, quando prosseguiram suas obras, em realidade sempre havia em torno deles um pequeno grupo de pessoas íntimas sobre as quais eles podiam se apoiar, um ou dois indivíduos de elite que ocupavam o lugar da opinião geral, que eram os juízes dos quais necessitavam e que representavam a aprovação de outrem; *a aprovação é algo essencial de que o homem tem enormes dificuldades de abrir mão.* (Piaget apud La Taille, 2000, p.38-9, grifos meus)

O que constitui a nossa dignidade, portanto, varia em função de aspectos pessoais e sociais. Para alguns, ela pode ser dada pelo domínio que se tem do espaço público; para outros, pela auto-suficiência, o fato de serem o centro das atenções (serem queridos e admirados) ou acreditarem ser vistos dessa maneira. Contudo, esse sentido de dignidade está quase sempre associado a aspectos mais prosaicos, como o fato de as pessoas manterem a vida cotidiana, como ter emprego, garantir o sustento da família e pagar os impostos.

É óbvio que os três eixos da moral – respeitar os direitos alheios, buscar ter uma vida boa e merecer ser objeto de admiração moral (dignidade) – relacionam-se e são concebidos de maneiras diferentes, segundo o momento histórico e cultural. Por exemplo, o que era importante na Grécia antiga, como a dignidade, é talvez menos importante hoje se compararmos com *o que se deve fazer* e, sobretudo, com interrogações acerca do sentido da vida (impossíveis de serem feitas naquela época, já que a concepção de identidade vigente era praticamente posicional – isto é, dependia da posição ocupada pelos membros nos grupos sociais; tais indagações só são possíveis se os sujeitos forem portadores de um tipo de identidade idiossincrática).

Tem-se, também, a transformação de determinados valores em objetos de preferência pessoal, considerados, em outras épocas, morais. É o caso, por exemplo, da fama. Talvez o problema nem esteja no referido valor, mas em elegê-lo como o único ou o mais importante e o que é preciso fazer atualmente para tê-lo. Por ele, nota-se que uma parcela significativa da população é capaz de submeter-se a situações ridículas e humilhantes, tornando-se, inclusive, objeto do riso alheio. Talvez esse seja um dos sintomas da pós-modernidade. Segundo Andy Warhol (1928-1987), um dos principais representantes do seu ideário no campo das artes plásticas (se é que se pode falar que há algum), todos seriam, no futuro, famosos por 15 minutos.[5]

---

5 Estou aqui me referindo às *pegadinhas*. Segundo Hélio Scwartsman, a *pegadinha* "é um pouco como uma fraude. Uma câmera oculta grava pessoas em lances embaraçosos. O protagonista, obviamente, não sabe que está sendo filmado e contracena com atores e/ou amigos que o induzem à situação vexatória" (*Folha*

Não se pode esquecer que Taylor (1997 [1989]), apesar de apontar três eixos determinantes da conduta moral, acredita que respeitar os direitos alheios deve ter prioridade sobre os demais (crença com que concordo inteiramente). Assim, entendo que ele não critica a concepção moral kantiana, mas a redução da moral a apenas um aspecto: preservação dos direitos alheios – processo, como mostrei, particularmente enfatizado por pesquisadores como Kohlberg.

Apesar de toda essa ênfase no *outro*, num mundo cada vez mais atravessado por regras e valores morais, muitos dos quais incompatíveis entre si, a busca por um sentido para a nossa vida se faz cada vez mais pertinente. Daí o fato de a moral, mesmo que alguns queiram, não poder se resumir apenas ao *que devo fazer*. Ela precisa compreender, também, o *que devo ser*. Em outras palavras, a moral está intrinsecadamente relacionada à identidade (ao eu). "Minha identidade é definida pelos compromissos e identificações que proporcionam a estrutura ou o horizonte em cujo âmbito posso tentar determinar caso a caso o que é bom, ou valioso, ou o que se deveria fazer ou aquilo que endosso ou a que me oponho. Em outros termos, *trata-se do horizonte dentro do qual sou capaz de tomar posição*" (Taylor, 1997 [1989], p.44, grifos meus).

Sem essa configuração, é provável que os indivíduos tenham dificuldades em se posicionar no mundo. Por exemplo, um americano procurará, por intermédio da idéia de liberdade – valor conside-

---

de S.Paulo, 11/3/2001). As pessoas, que se tornaram objeto delas, autorizam a veiculação do ridículo a que foram submetidos para milhões de pessoas, numa atitude evidente de busca da fama, mesmo que seja por alguns minutos. Assim, "levar um fora da namorada na frente de milhares de telespectadores, descobrir em um programa de TV, ao vivo, que o marido é infiel, ser apalpado por uma garota de olhos vendados e depois acabar dispensado por ela – esses são alguns exemplos de situações ridículas a que as pessoas têm se sujeitado em rede nacional, geralmente pelo simples gosto de aparecer um dia na televisão" (*Folha de S.Paulo*, 13/5/2001). Segundo os produtores de tais programas, a parte mais difícil é convencer a vítima da "pegadinha" a assinar a autorização para a exibição da imagem. Apesar disso, um dos produtores diz que "a maioria das pessoas que fazem o teste é de gente simples, aí é mais fácil convencer, eles ficam felizes por aparecer na TV" (*Folha de S.Paulo*, 13/5/2001).

rado caro para o seu país e para ele –, avaliar o que é bom, admirável e válido. Vamos supor, agora, que essa personagem deixe de acreditar em tal valor (seja por vários fatores, como o de que essa idéia de liberdade é superficial e somente válida para o restante das nações). Provavelmente, esse cidadão ficaria perdido, em estado de crise existencial. Em decorrência, não saberia mais como avaliar a realidade, ou seja, o que deveria considerar digno de apreço e de validade. Numa linguagem psicanalítica, poder-se-ia dizer que esse indivíduo estaria em conflito e, na linguagem piagetiana, em desequilíbrio. É óbvio que esse estado é passageiro, uma vez que ninguém suporta viver por muito tempo numa situação de angústia ou de desadaptação. Porém, enquanto tal estado fosse presente, o sofrimento seria, com certeza, grande. Pode ser que depois dessa experiência, mostrar-se-ia cético e pessimista quanto ao efetivo exercício da liberdade. De qualquer maneira, ele teria superado a situação conflitiva ou desequilibradora. A isso, o autor define como "crise de identidade".

E essa situação de fato manifesta-se na vida de algumas pessoas. É uma forma aguda de desorientação que as pessoas costumam exprimir em termos de não saber quem são, mas que pode também ser vista como uma incerteza radical acerca da posição em que se colocam. *Falta-lhes uma estrutura ou horizonte em que as coisas possam assumir uma significação estável e algumas possibilidades de vida possam ser julgadas boas ou significativas e outras, ruins ou triviais.* O significado de todas essas possibilidades fica impreciso, instável ou indeterminado. Trata-se de uma experiência dolorosa e assustadora. (Taylor, 1997 [1989], p.44, grifos meus)

Essas considerações deixam evidente que na identidade está contida uma espécie de orientação. Assim, é difícil para nós – seres da modernidade – admitir que o caminho moral seja definido *em termos simplesmente universais*. Em outras épocas ou mesmo em determinadas culturas (como a hindu) –, em que o modelo de identidade ainda é, nos dias de hoje, posicional –, talvez essa premissa faça sentido. Seria, inclusive, estranho e ilógico que os indivíduos dessa cultura agissem calcados na idéia das diferenças individuais. É por essa razão que Taylor tece a seguinte reflexão acerca da "rebeldia" do teólogo alemão Martinho Lutero (1483-1546), pioneiro da Reforma Protestante na Europa:

> Para alguém da época de Lutero, a questão de uma estrutura moral básica que orienta as ações de uma pessoa *só* poderia ser formulada em termos universais. Nada mais fazia sentido. Isto se associa, naturalmente, com o fato de a crise de Lutero ter girado em torno do agudo sentido de condenação e de exílio irremediável, e não em torno de uma acepção moderna de falta de sentido, de ausência de propósito ou de vazio. (Taylor, 1997 [1989], p.45, grifo do autor)

Esse fato não retira a importância dos *compromissos universalmente válidos* na determinação dos julgamentos e das condutas morais. Tanto essas orientações – consideradas absolutamente imprescindíveis para a existência da civilização – quanto as particulares concorrem para a explicação do agir moral. Na verdade, essa discussão sobre o *status* da identidade mostra quanto, segundo Taylor (1997 [1989]), *a orientação fundamental é, na verdade, complexa e multifacetada*. Assim, quando as pessoas definem sua identidade por apenas um elemento (por exemplo, ser católico), concretamente, estão assinalando um dos aspectos que se destacam em suas vidas ou que, em determinando momento ou contexto, colocam-se como necessário (como o de afirmarem-se católicos perante os protestantes). "E é por isso que tendemos naturalmente a falar de nossa orientação fundamental em termos de quem somos. Perder essa orientação ou não tê-la encontrado é não saber quem se é. E essa orientação, uma vez conseguida, define a posição a partir da qual você responde e, portanto, sua identidade" (Taylor, 1997 [1989], p.46).

A identidade é, então, elemento fundamental e decisivo para o agir moral. E, isso, todavia, não só porque ela possibilita ter consciência da própria existência. É importante, igualmente, por estar ligada a uma *auto-imagem* que é considerada importante pelas pessoas. Em razão disso, os indivíduos "se esforçam por aparecer de maneira positiva aos olhos das pessoas com que entram em contato e de si mesmas" (Taylor, 1997 [1989], p.51). Portanto, a identidade não se resume a se ter, apenas, consciência da própria existência, mas, sobretudo, em ser objeto de valor ao próprio olhar e ao de outrem.

Quanto à construção da identidade, tal aspecto é possibilitado pelos *olhares e juízos alheios*. Como assinalei anteriormente, sem o outro, a rigor, provavelmente não seríamos nada e tampouco existiríamos. Não se pode esquecer que, miticamente, a criança ao nascer é apenas um indivíduo. Sua inserção no mundo da cultura, operada por outros indivíduos, é que possibilitará a sua transformação em sujeito (um ser social). "A criança, no momento do nascimento, não passa de um candidato à humanidade, mas não a pode alcançar no isolamento: *deve aprender a ser um homem na relação com outros homens*" (Piérron *apud* Leontiev, 1978, p.238). Numa palavra, diria que, graças ao processo de socialização, como se verá adiante, tornar-se-á possível à criança a construção de sua identidade.

Os especialistas da área, tanto de orientação psicanalítica quanto de construtivista, são unânimes em afirmar que o processo de construção da identidade passa pela diferenciação do *eu* em relação aos *outros*. A esse propósito, inclusive, Piaget afirma que a criança ao nascer é um todo indiferenciado, um *ser egocêntrico sem ego*, pois não dissocia o eu do universo exterior; não tem consciência da sua existência.

> No ponto de partida da evolução mental, não existe, certamente, nenhuma diferenciação entre o eu e o mundo exterior, isto é, as impressões vividas e percebidas não são relacionadas nem à consciência pessoal sentida como um 'eu', nem a objetos concebidos como exteriores. São simplesmente dados em um bloco indissociado... que não é nem interno nem externo, mas a meio caminho entre esses dois pólos... A consciência começa por um egocentrismo inconsciente e integral, até que os progressos da inteligência senso-motora levem à construção de um universo objetivo, onde o próprio corpo aparece como elemento entre

os outros, e ao qual se opõe a vida interior, localizada neste corpo. (Piaget, 1973 [1964], p.19)

Fica evidente, com tais considerações, que a construção do *eu* é dependente da elaboração do *outro*. É exatamente o reconhecimento do outro que permitirá saber acerca da própria existência. Ainda mais: o ser humano só passa a existir como um ser civilizado à medida que se diferencia do outro e, em conseqüência, toma ciência da sua presença. Se não fosse dessa maneira, jamais conseguiríamos construir a idéia de quem nós somos.

Logo, a identidade é formada por *um conjunto de representações de si*, que foram incorporadas como valores. Resultado: os homens nesse processo de construção, que obviamente envolve ser reconhecido e valorizado pelo grupo de pertencimento ou de que deseja fazer parte, buscam se identificar com valores (não necessariamente éticos) que são considerados necessários para atingir tal intento. Nesse processo, a todo o momento, ele faz comparações entre *o que ele é, o que gostaria de ser, o que os outros são* e *o que os outros gostariam que ele fosse*. Essas comparações acontecem e ocorrem, praticamente, ao mesmo tempo, porque

> A consciência de si representativa é contemporânea, e talvez intimamente associada à consciência de que se é perceptível no mundo, portanto, de que se é objeto para outrem. E, se as representações de si são sempre valorativas, o ser objeto para outrem deve também ser pensado no domínio dos valores. Se pensamos em nós mesmos como valor, *a fortiori* também pensamos os outros como valor e sabemos que somos assim pensados por eles. Portanto, a consciência fatual de si (a existência em si) é relacionada ao ser percebido pelos outros; e a consciência de si como valor (o Eu) é relacionada ao ser *julgado* pelos outros. (La Taille, 2000, p.37)

Cabe acrescentar que a avaliação do que é positivo ou negativo para essa auto-imagem (*o Eu*) é dependente do contexto em que se está inserido. "Defino quem sou ao definir a posição a partir da qual falo na árvore genealógica, o espaço social, na geografia das posições e funções sociais, em minhas relações íntimas com aqueles que amo e, de modo também crucial, no espaço de orientação moral e espiritual dentro do qual são vividas minhas relações definitórias mais importantes" (Taylor, 1997 [1989], p.54).

É óbvio que, para isso, o indivíduo precisa ser submetido a regras e a valores, de tal maneira que um dia ele possa, até, superá-los. Todavia, continua válida a premissa de que esse processo só é possível se o indivíduo tiver internalizado limites.[6]

Amparado nas reflexões desenvolvidas pelo filósofo Ludwig Wittgenstein (1848-1915) – defensor da filosofia como o tipo de conhecimento responsável pela explicitação dos valores formadores da consciência moral – e contidas nas *Philosophical investigations*, Taylor (1997 [1989]) disserta de maneira esplêndida a favor da tese desenvolvida por Piaget (1994 [1932]), qual seja: para a produção de indivíduos autônomos, é necessário que eles sejam submetidos às relações de coação, antes das de cooperação, pois só assim terão condições de reconstruir as regras impostas e/ou construir novas, a partir do respeito mútuo:

> A inovação só pode ocorrer a partir da base de nossa linguagem comum. Mesmo que eu seja o adulto mais independente, há momentos em que não posso esclarecer o que sinto até falar sobre o assunto com alguns parceiros especiais que me conhecem, ou têm sabedoria, ou com quem tenho afinidade. Essa incapacidade é uma pálida sombra do que a criança vivencia. Para a criança, tudo seria confusão, não haveria nenhuma linguagem de discernimento, sem as conversações que fixam essa linguagem para ela. (p.54-5)

É por esse fato que é impossível a vida sem a existência dos outros (antropológica e socialmente falando). São eles que dão a exata me-

---

6 Essa tese foi desenvolvida, entre outros, por Freud e, mais recentemente, por La Taille (1998a e b). No capítulo dedicado à tecedura de considerações acerca das relações entre a *lealdade à palavra empenhada* e a contemporaneidade, dissertarei a esse respeito.

dida, o nosso contorno, possibilitando, em decorrência, a conformação e/ou a superação dos limites impostos. É minha opinião que a realidade atual tenta eliminar, de todas as formas, essa premissa. O sistema social vigente faz isso em nome de um certo individualismo que, em última análise, não só prega o descompromisso com tudo e com todos, mas julga o olhar alheio – posterior ao processo de socialização primária – totalmente desnecessário. Assim, a identidade passa a ser vista como assunto de natureza unicamente individual.

A cultura moderna desenvolveu concepções de individualismo que retratam a pessoa humana como, ao menos potencialmente, um ser que encontra suas coordenadas dentro de si mesmo, que declara independência das redes de interlocução que o formaram originalmente ou, ao menos, as neutraliza. É como se a dimensão da interlocução só tivesse significação para a gênese da individualidade, tal como o andador na creche, e devesse ser deixada de lado sem desempenhar nenhum papel na pessoa acabada. (Taylor, 1997 [1989], p.56)

Insistimos nesse ponto – da dependência do outro – talvez por estar preocupado com a maneira como os jovens estão atualmente vendo as demais pessoas: algo a ser evitado a todo custo, já que o relacionar-se *com este outro* leva inevitavelmente ao crescimento, e isso, em conseqüência, produz dor (sofrimento) e é visto como algo que impede o pleno exercício da vida.

Por exemplo, é impressionante como adolescentes universitários negam-se a discutir e a dialogar. Vê-se, nitidamente, que o interesse está em não serem contrariados, pois, caso isso ocorra – além de levá-los a se sentirem profundamente irritados –, terão de se descentrar para compreender o ponto de vista alheio. Aliado a isso, em virtude de uma certa leitura *neonietzschiana*, qualquer olhar é visto como elemento normatizador, logo, que impede o afloramento da vida, da diferença e, conseqüentemente, do novo – como se ele não fosse tributário do velho, do instituído.

Do ponto de vista filosófico, estou me referindo aqui, principalmente, a uma certa leitura eivada de equívocos feita de obras de Giles

Deleuze (1925-1995)[7] e Michel Foucault (1926-1984)[8]. Segundo Rouanet (1987), filósofo ligado à Escola de Frankfurt[9], tal posicionamento concebe a razão como o principal instrumento de repressão e faz a apologia do respeito às diferenças, a ponto de se cair num relativismo cultural extremado, em que tudo passa a ser válido (em nome do pretenso respeito a tais diferenças). Vê-se, então, que as preocupações se resumem em evidenciar e supostamente respeitar as diferenças, e não a busca da convivência, como defende Piaget (1998 [1934]).

Voltando à discussão sobre a formação da identidade, é importante salientar que não sou adepto da premissa de que o Eu deva encerrar-se no estabelecimento do bem, como se fosse uma essência ou verdade a ser buscada. E isso porque, em primeiro lugar, somos seres históricos e, como tais, estamos nos modificando incessantemente, além de que aquilo que parecia representar o bem numa determinada época ou contexto pode não o ser mais. Estamos mais próximos da concepção de verdade formulada por Habermas (apud Rouanet,

---

7 A obra a que me referi, especialmente, intitula-se *Anti-Édipo* (1972). Nela, em colaboração com Félix Guattari (1930-1992) e inspirado em Nietzsche, Deleuze busca "desediponizar" o inconsciente psicanalítico. "Para ele, o que importa é o funcionamento da 'máquina desejante', pois a história aparece como funcionamento de 'máquinas', a última das quais sendo a do Édipo familiar e capitalista" (Japiassu & Marcondes, 1990, p.66).

8 Sem dúvida, a obra mais conhecida desse autor no Brasil trata-se da coletânea de textos organizada e traduzida por Roberto Machado — a meu ver, um dos maiores especialistas desse autor no mundo — que recebeu o nome de *Microfísica do poder* (1979). Igualmente inspirado em Nietzsche e tendo como parâmetro o método chamado por ele de "genealógico", analisa historicamente o poder como elemento que tornou possível a produção de saberes na modernidade. O poder "deve ser visto como uma forma difusa, não se identificando necessariamente com o estado, mas nas várias instâncias da vida social e cultural" (Japiassu & Marcondes, 1990, p.105-106).

9 O termo *Escola de Frankfurt* diz respeito, ao mesmo tempo, a um grupo de intelectuais e a uma teoria social e procura-se, por meio dele, "designar a institucionalização dos trabalhos de um grupo de intelectuais marxistas, não ortodoxos, que na década dos anos 20 permaneceram à margem de um marxismo-leninismo 'clássico', seja em sua versão teórico-ideológica, seja em sua linha militante e partidária" (Freitag, 1988, p.10).

1987). Ela seria, então, produto do consenso construído por interlocutores igualmente competentes nas esferas cognitiva, afetiva e moral; portanto, um *bem processual*. Em segundo, porque a identidade é definida também pelo rumo que se pretende dar à própria vida, cujo conteúdo está, igualmente, em permanente transformação.

O escritor tcheco Milan Kundera (1929-), em seu romance *A insustentável leveza do ser* (1983), a esse propósito, diz, por meio de uma de suas personagens, que a vida – se a compararmos com o preparo para a apresentação de uma peça teatral, por exemplo – é o próprio ensaio. Assim, não se pode fazer dela um fim em si, porque já é o meio.

> Não existe meio de verificar qual é a boa decisão, pois não existe termo de comparação. Tudo é vivido pela primeira vez e sem preparação. Como se um ator entrasse em cena sem nunca ter ensaiado. Mas o que pode valer a vida, se o primeiro ensaio da vida já é a própria vida? É isso que faz com que a vida pareça sempre um esboço. No entanto, mesmo 'esboço' não é a palavra certa porque um esboço é sempre um projeto de alguma coisa, a preparação de um quadro, ao passo que o esboço que é a nossa vida não é esboço de nada, é um esboço sem quadro. (Kundera, 1983, p.41)

Em resumo, em virtude de a vida ser um constante porvir, devemos a todo instante buscar concretizá-la e dar uma direção a ela, tendo como parâmetro o passado e o futuro a nos espreitar – que, já se sabe, vai sendo tecido por mim e pelos outros:

> A pergunta sobre nossa condição nunca pode ser esgotada para nós por aquilo que *somos*, porque estamos também mudando e *nos tornando* todo o tempo. Só passamos pela infância e pela meninice até a condição de agentes autônomos com alguma espécie de posição própria com relação ao bem. E, mesmo então, essa posição é sempre desafiada pelos novos eventos de nossa vida e vive constantemente sob revisão potencial, conforme aumentam nossa experiência e nossa maturidade. Assim, para nós a pergunta deve ser não só onde *estamos* como também para onde *vamos*. (Taylor, 1997 [1989], p.69-70)

Outro aspecto tem a ver com o fato de determinados valores não serem concebidos como tal – isto é, produtos de uma certa concepção de bem –, na medida em que parecem ser semelhantes a leis físicas ou são vistos como inerentes ao funcionamento de uma dada sociedade. Refiro-me aqui, por exemplo, às leis que proíbem matar, ferir, roubar e mentir. "A vida social, com o mínimo de confiança e solidariedade que exige, não poderia consistir em violência e engano irrestritos" (Taylor, 1997 [1989], p.79). Portanto, seria perfeitamente compreensível agir orientado por tais regras, sem ver aí a ação de um certo bem.

No entanto, há aspectos que não demandam a compreensão da interação social (logo, não se impõem simplesmente por si), e que são dependentes, sobremaneira, de uma concepção de bem. Por exemplo, não são necessárias, para a manutenção da sociedade, condutas de delicadeza e de generosidade (embora sejam louváveis e quem as pratica é digno de admiração). Tais dados permitem concluir *que o bem e o certo não são parte do mundo estudado pela ciência natural* (p.81) e possibilitam entender que determinados termos podem ser, para algumas pessoas, valores indispensáveis, como coragem, generosidade e *lealdade à palavra*. Quem os preza não pode deixar de levá-los em consideração nos seus julgamentos e em suas condutas, ao passo que, para outros, serão de pouca serventia ou não farão sentido algum. Outras pessoas poderão, até mesmo, priorizar a brutalidade, a competitividade e a violência como valores necessários à sua existência.

É igualmente importante dizer que tais termos não podem ser desconsiderados ou *relegados ao domínio da mera aparência*, pelo menos, no campo psicológico. O sujeito pode estar errado ao acreditar que é o Sol que gira em torno da Terra, na medida em que está sendo presa apenas de suas percepções. Contudo, não se pode deixar de considerar que essa é a sua verdade. E é com ela que nós, psicólogos, devemos lidar e estudar.

Ao falar disso, sempre lembro de um ensinamento aprendido ao longo da nossa graduação em Psicologia: a verdade, no trabalho analítico, não é fundamental, isto é, se realmente uma pessoa foi, quando criança, seduzida, maltratada ou enganada pelo adulto. Importa, sim, a "verdade" do analisando. Afinal, ele está sofrendo por ela e não pela efetivamente acontecida. A esse respeito, é interessante ler os primeiros estudos desenvolvidos por Freud com suas pacientes histéricas. O emérito pesquisador da *psyche* humana chegou, no início, a acreditar que as suas pacientes tinham sido vítimas de sedução. Depois, com o transcorrer do tratamento, notou que se tratava de fantasias criadas por elas. Assim,

> O que precisamos *explicar* são as pessoas vivendo sua vida; os termos em que elas não têm como evitar de viver não podem ser removidos do *explanandum* [seu ponto de vista], exceto se pudermos propor outros termos em que elas possam viver com mais sabedoria. Não podemos simplesmente nos livrar por inteiro desses termos com base na idéia de que sua lógica não se enquadra em algum modelo de 'ciência' e de que sabemos *a priori* que os seres humanos têm de ser explicados nessa 'ciência'. (Taylor, 1997 [1989], p.84, grifos do autor)

São os valores, então, que possibilitam ao indivíduo estabelecer um lugar na sociedade e, mesmo eivados de enganos, têm, para ele, caráter de objetividade.

> Nossos termos valorativos têm o propósito de nos fornecer elementos sobre o que é viver no universo como ser humano, coisa bem distinta daquilo que a ciência física afirma revelar e explicar. Essa realidade é, com efeito, dependente de nós no sentido de que uma condição para ela existir é nossa existência. Mas, uma vez aceito que existimos, ela não tem um caráter maior de projeção subjetiva que o objeto da física.... Não se pode deixar de recorrer a esses bens de avaliação forte para os propósitos da vida: deliberar, julgar situações, decidir o sentimento que se tem diante das pessoas e assim por diante... O real é aquilo com que se tem de lidar, o que não desaparece apenas porque não é compatível com seus preconceitos. (Taylor, 1997 [1989], p.84-5)

Cabe esclarecer que valor é investimento de afetividade. Segundo La Taille (1997), *o porvir da afetividade é se transformar em valor*. Ainda a esse propósito, Piaget (1973 [1964]), ao dissertar sobre o fato social, diz que "o indivíduo por ele mesmo conhece certos valores, determinados por seus interesses, seus prazeres ou seus esforços e sua afetividade em geral: tais valores são espontaneamente sistematizados graças aos sistemas de regulações afetivas e estas regulações tendem para o equilíbrio reversível caracterizando a força de vontade (paralelamente às operações intelectuais)" (p.37). Depreende-se dessas considerações a necessidade de se ampliar os paradigmas de entendimento e análise da moralidade humana. Isso implica alargar tanto o leque dos fatores psicológicos que influenciam a moralidade quanto a investigação de outros temas morais, que não os classicamente pesquisados: a *ética da justiça* e o relacionamento interpessoal (*dilemas que sempre envolvem o outro como objeto*).

Os autores sugerem, em conseqüência disso, a inclusão de outras concepções de moralidade, que reintegrem o desenvolvimento do eu e de outros valores. O retorno à doutrina moral aristotélica parece ser o caminho preferido por eles. Para Aristóteles, num universo preocupado com a finalidade, a investigação ética deve estar orientada para a busca da felicidade mediante o exercício da virtude: a única capaz de nos conduzir ao bem e à felicidade.

A ética e as virtudes

A ética constitui o domínio de investigação a respeito das noções de felicidade e de infelicidade, bem e mal, justo e injusto e dos valores a que os homens se submetem por tradição ou adesão. O conceito-chave que melhor permite compreender as posições dos filósofos nos diferentes sistemas morais, segundo Nascimento (1985), é o de virtude. A esse propósito, o filósofo Comte-Sponville (1995) diz que não há muita utilidade em se falar apenas dos vícios, do mal e do pecado. Agir dessa maneira não deixa de ser uma moral, só que é a dos *tristes* e uma *triste moral*.[10]

---

10 As breves considerações que serão feitas neste tópico não têm a pretensão de propor um tratado de filosofia moral ou de algo semelhante. Mesmo que qui-

Segundo ainda o referido filósofo, a virtude (do grego *areté* e do latim *virtus*, de excelências) *é uma força que age, ou que pode agir*. A virtude da faca, por exemplo, é cortar, a das drogas é salvar ou matar vidas, a da cadeira é possibilitar o sentar. Os objetos são, desse modo, dotados de uma excelência, independentemente do uso que se faça deles.

Assim, a virtude da faca não é a mesma da enxada e, se ela for utilizada para matar alguém, em nada essa ação diminui sua excelência. Ela continuará sendo vista como excelente e mesmo a pior faca terá primazia no ofício de cortar, quando comparada com outros instrumentos (por exemplo, um serrote). Como escreve Comte-Sponville (1995), "sua capacidade específica [da faca] também comanda sua excelência própria. Mas essa normatividade permanece objetiva ou moralmente indiferente. À faca basta cumprir sua função, sem a julgar..." (p.8).

Em relação ao homem, o processo de nomeação de suas excelências morais se dá de modo totalmente diferente e é infinitamente mais complexo. Em primeiro lugar, porque o homem não tem uma virtude específica. As virtudes que ele poderá ter precisam ser construídas. Em segundo lugar, dependendo do momento histórico, da cultura e da intensidade como são praticadas, as virtudes podem desaparecer, ou ser consideradas vícios. A lealdade entre os senhores feudais e vassalos era fundamental na Idade Média; sem ela, certamente, o sistema político, social e econômico da época teria desaparecido há mais tempo. Atualmente, esse valor parece não fazer mais sentido, uma vez que as relações sociais são quase todas mediadas por contrato.

Aristóteles, Kant e muitos outros pensadores sempre se perguntaram sobre o que distinguia os homens dos demais animais e obje-

---

sesse, não teria a competência para isso. Objetivo com elas apenas reafirmar a tese defendida, neste ensaio, de que a Psicologia Moral deve também incluir como objeto de investigação e de reflexão os valores que dizem respeito à construção de uma vida boa. Embora eles possam até não ser virtuosos, são considerados imprescindíveis por quem os adota. Constitui-se, assim, uma justificativa a mais à dissertação sobre as virtudes. Por meio da sua definição, estar-se-á em condições de avaliar se determinado valor adotado é uma excelência moral.

tos. E, praticamente em uníssono, respondiam: a vida racional. Entretanto, levar em conta somente essa excelência não basta, pois no homem reside também o desejo e a educação. A virtude humana é decorrente, portanto, do cruzamento da *hominização* (fato biológico) e da humanização (exigência cultural).

Virtude é, dessa maneira, poder: é poder para ser bom e fazer o bem. Isso só é possível mediante o cultivo de valores morais.

A virtude, repete-se desde Aristóteles, é uma disposição adquirida de fazer o bem. É preciso dizer mais, porém: ela é o próprio bem, em espírito e em verdade. Não o Bem absoluto, não o Bem em si, que bastaria conhecer ou aplicar. O bem não é para se contemplar, é para se fazer. Assim é a virtude: é o esforço para se portar bem, que define o bem nesse próprio esforço.... A virtude ou, antes, *as virtudes são nossos valores morais*, se quiserem, mas encarnados, tanto quanto quisermos, mas vividos, mas em ato. Sempre singulares, como cada um de nós, sempre plurais, como as fraquezas que elas combatem ou corrigem. (Comte-Sponville, 1995, p.9-10, grifos meus)

Sendo assim, e levando em consideração as ponderações feitas, pergunto: quais são as disposições morais necessárias para a formação de indivíduos excelentes?

As virtudes e os filósofos

Vários foram os pensadores que, desde a Grécia antiga, se debruçaram sobre o tema das virtudes. Entre eles destacamos Platão (429-347 a.C.). Preocupado com as condutas dos cidadãos na *polis*, ele afirmava ser virtuoso somente o homem que vivia em conformidade com as normas da justiça. Para ele, não bastava demonstrar a existência de várias virtudes ou como elas eram adquiridas. Considerava, além disso, necessária a elaboração de uma definição que valesse para todas as virtudes. É assim, tomando de empréstimo um diálogo realizado entre Sócrates e Fedon, que ele apresenta a seguinte definição de virtude: liberação e troca de todas as paixões, prazeres e valores individuais pelo pensamento, considerado, por ele, um valor universal e ligado à *imutabilidade das formas eternas*. Como diz Nascimento (1985), "a virtude tem portanto um sentido de ascese, de elevação da alma para o conhecimento das formas eternas" (p.260).

Epicuro (341-270 a.C.) afirmava que o homem devia ter por objetivo a busca da felicidade e, para isso, tornava-se necessário o cultivo das virtudes. Numa carta sobre a felicidade endereçada a seu discípulo Meneceu, o supracitado filósofo diz explicitamente: "... as virtudes estão intimamente ligadas à felicidade, e a felicidade é inseparável delas" (Epicuro, 1997, p.47).

Ele acrescenta, ainda, ser a prudência a virtude mais importante, a ponto de se constituir num princípio, pois ela, além de dar origem às demais, é a que possibilita uma vida feliz. "... a prudência é o princípio e o supremo bem, razão pela qual ela é mais preciosa do que a própria filosofia; é dela que originaram todas as demais virtudes; é ela que nos ensina que não existe vida feliz sem prudência, beleza e justiça, e que não existe prudência, beleza e justiça sem felicidade" (Epicuro, 1997, p.45).

Sêneca (2-66) compartilha de definição semelhante. A virtude, para ele, resume-se na arte do bem viver; a prudência constitui-se na maior de todas as excelências morais. Ele diz: "quem possui a prudência guarda também a temperança; quem é temperante é constante; quem é constante não se perturba; quem não se perturba não tem tristeza; e quem não é triste é feliz" (Carta a Lucílio, 85, 2º parágrafo, apud Nascimento, 1985, p.260-1).

Para o pensamento cristão, a virtude consistirá no desprezo de si e na orientação do seu amor a Deus, mediante o cuidado e a manifestação de afeição ao próximo. Pascal (1623-1662), um dos filósofos que melhor traduziram a moral cristã, diz na sua máxima 485:

> A verdadeira e única virtude consiste, pois, em odiar a si mesmo (porquanto somos odiosos pela concupiscência) e em buscar um ser realmente amável para amá-lo. Mas, como não podemos amar o que está fora de nós, cumpre-nos amar um ser que esteja em nós, e que não seja

nós, e isso é certo para todos. Ora, somente o ser universal assim é. O reino de Deus está em nós: o bem universal está em nós, somos nós mesmos e não somos nós. (Pascal, 1973, p.160)

Kant (1724-1804), filósofo moderno, colocar-se-á contrário a uma ética baseada na busca da felicidade. A virtude será, por causa disso, definida como a força empregada pelo homem com a finalidade de cumprir o seu dever.

A virtude significa uma força moral da vontade... de um homem no cumprimento de seu dever.... A virtude não é ela própria um dever ou possuí-la não é um dever... embora a virtude (em relação aos homens e não à lei) possa também às vezes ser chamada de meritória e ser digna de recompensa, tem no entanto de ser considerada por si mesma, já que ela é para si mesma seu próprio fim e também seu próprio salário. (Kant, 1975 [1785], p.283)

Apesar do caráter aristocrático e elitista presente em Aristóteles (384-322 a.C.) – perfeitamente compreensível à época –, ele parece ser o filósofo que melhor contribuiu para se pensar a moralidade como um conjunto de virtudes orientadas para a busca da felicidade, mediante o cultivo de uma vida boa.

A doutrina moral de Aristóteles

A preocupação de Aristóteles, dentre outras, estava em saber: qual *é o fim último para o qual tende o Homem?* Cabe esclarecer que, com essa indagação, ele não estava interessado em saber o fim específico de *um determinado homem* (por exemplo, o do artesão, do músico ou do filósofo), mas de *todos os homens*. Sua resposta a esse respeito é bastante exata, direta e concisa: o Homem inclina-se para a busca da felicidade. "... a felicidade é algo final e auto-suficiente, e é o fim a que visam as ações" (Aristóteles, 1996, p.126).

Denominada de *eudemonismo*, a doutrina moral aristotélica adverte que a plena realização do homem não deve ser confundida com a busca do prazer (*hedoné*), e tampouco da riqueza. A felicidade está, ao contrário, na existência racional, que pode ser atingida plenamente por meio da aquisição de hábitos ou de certas maneiras de atuar, designadas por ele de virtudes. É dessa forma que ele considera condição *sine qua non* para sermos felizes agir de maneira virtuosa (excelente), pois, como bem disse, *a felicidade é a atividade conforme a excelência*.

Esse agir excelente não é inato, mas decorrente do exercício cotidiano. Isso não significa dizer que as virtudes sejam adquiridas pela transmissão de ensinamentos, mas conseqüências da experiência, da idade e do tempo. Veja no belíssimo trecho a seguir a defesa que Aristóteles faz da ação (experiência) como único meio de se atingir a excelência moral:[11]

> ... quanto à excelência moral, ela é produto do hábito... É evidente, portanto, que *nenhuma das várias formas de excelência moral se constitui em nós por natureza*, pois nada que existe por natureza pode ser alterado pelo hábito. Por exemplo, a pedra, que por natureza se move para baixo, não pode ser habituada a mover-se para cima, ainda que alguém tente habituá-la jogando-a dez mil vezes para cima... Portanto, nem por natureza nem contrariamente à natureza a excelência moral é engendrada em nós, mas a natureza nos dá a capacidade de recebê-la, e esta capacidade se aperfeiçoa com o hábito... as várias formas de excelência moral adquirimo-las por havê-las efetivamente praticado, tal como fazemos com as artes. *As coisas que temos de aprender antes de fazer, aprendemo-las fazendo-as* – por exemplo, os homens se tornam construtores construindo, e se tornam citaristas tocando cítara; da mesma forma, tornamo-nos justos praticando atos justos, moderados agindo moderadamente, e corajosos agindo corajosamente. (Aristóteles, col. *Os pensadores*, 1996, p.137, grifos meus)

O pensador salienta, todavia, que os mesmos motivos alegados e os caminhos trilhados para a construção da excelência moral podem

---

11 Noto neste trecho, e na idéia de associação de uma vida boa à racional, quanto o pensamento de Piaget está próximo do de Aristóteles.

destruí-la. "... na prática de atos em que temos de engajar-nos dentro de nossas relações com outras pessoas, tornamo-nos justos ou injustos; na prática de atos em situações perigosas, e adquirindo o hábito de sentir receio ou confiança, tornamo-nos corajosos ou covardes... Em uma palavra, nossas disposições morais resultam das atividades correspondentes às mesmas" (Aristóteles, col. *Os pensadores*, 1996, p.138).

Aristóteles assinala ainda que as virtudes podem ser intelectuais ou éticas, dado que no homem habitam tanto a racionalidade quanto a irracionalidade. Ao passo que as intelectuais agem sobremaneira na parte racional do homem, as éticas têm seu campo de atuação no controle das paixões e apetites, de tal maneira que sejam direcionadas para fins racionais.

Diferentemente das paixões e faculdades, as virtudes são, portanto, *disposições de caráter*:

> Ora: nem a excelência moral nem a deficiência moral são emoções, pois não somos chamados bons ou maus com fundamento em nossas emoções, mas somos chamados bons ou maus com fundamento em nossa excelência ou deficiência moral; e não somos louvados ou censurados por causa de nossas emoções (um homem não é louvado por estar atemorizado ou encolerizado, nem é censurado simplesmente por estar encolerizado, mas por estar encolerizado de certa maneira); somos louvados ou censurados por nossa excelência ou por nossa deficiência moral.
> Além disto, sentimos cólera e medo independentemente de nossa escolha, mas as várias formas de excelência moral são certos modos de escolha ou envolvem escolha. Mais ainda: a respeito das emoções diz-se que somos movidos, mas a respeito da excelência e da deficiência moral não se diz que somos movidos, e sim dispostos de certa maneira.
> Por estas mesmas razões as várias formas de excelência moral também não são faculdades, pois não somos chamados bons ou maus, nem louvados ou censurados pela simples faculdade de sentir as emoções; ademais, temos as faculdades por natureza, mas não é por natureza que somos bons ou maus... Então, se as várias espécies de excelência moral não são emoções nem faculdades, só lhes resta serem *disposições* [de caráter]. (Aristóteles, col. *Os pensadores*, 1996, p.142-3)

Acrescente-se que essas disposições se encontram distantes igualmente de dois pontos: a ausência ou o apego desmedido a um valor. As virtudes visam, desse modo, encontrar o meio-termo, a justa medida, tarefa considerada por ele possível de ser realizada plenamente apenas pelos sábios, pois eles são os únicos que sabem:

> A excelência [virtude] moral, então, é uma disposição da alma relacionada com a escolha de ações e emoções, disposição esta consistente num meio-termo (o meio-termo relativo a nós) determinado pela razão (a razão graças à qual um homem dotado de discernimento o determinaria). Trata-se de um estado intermediário, porque nas várias formas de deficiência moral há falta ou excesso do que é conveniente tanto nas emoções quanto nas ações, enquanto a excelência moral encontra e prefere o meio-termo. Logo, a respeito do que ela é, ou seja, a definição que expressa a sua essência, a excelência moral é um meio-termo, mas com referência ao que é melhor e conforme ao bem ela é um extremo. (Aristóteles, col. *Os pensadores*, 1996, p.144-5)

Por exemplo, condutas como a de coragem, generosidade, amizade e lealdade podem ser praticadas em excesso ou faltarem em grau suficiente. O mesmo acontece em relação aos sentimentos. Podemos sentir em demasia compaixão, ira ou medo, ou não manifestar sentimento algum. Tanto uma situação (excesso) quanto a outra (falta), segundo Aristóteles, são julgadas más. Já o oposto – apresentar tais condutas e sentimentos em ocasiões adequadas e na medida justa – é característica da virtude, tarefa difícil de ser levada a cabo, pois, como prudentemente o próprio Aristóteles cita, num verso de autoria desconhecida, *a bondade é uma só, mas a maldade é múltipla* (p.144).

...

Vê-se, portanto, nas pesquisas realizadas por Gilligan (1993), nas reflexões filosóficas feitas por Flanagan (1996 [1991]), Campbell & Christopher (1996), Tugendhat (1996) e Taylor (1997 [1989]), e nas diversas definições acerca das virtudes, quanto é questionável a idéia de se conceber a ética alicerçada em um único princípio diretor e mesmo a de que a justiça é o único valor virtuoso.

Poder-se-ia dizer, todavia, que as diversas virtudes estão subordinadas à justiça ou é ela a virtude mais importante.[12] Entrar no mérito dessa questão foge aos propósitos deste ensaio. O importante aqui é, como fez La Taille (1998c), admitir como certa a existência de diversas virtudes morais, apontadas pelos filósofos e valorizadas pelas concepções do senso comum, as quais podem ser *self-regarding* (por exemplo, a coragem) ou *other-regarding* (a generosidade); e que provavelmente, por força dos referenciais piagetiano e kohlbergiano, acabaram praticamente não sendo objetos de estudos psicológicos. É justamente o caso da *lealdade à palavra dada* como valor moral.[13]

Como Flanagan (1991 [1996]) sublinhou, é extremamente raro encontrar pessoas que tenham um universo moral coeso e que sejam em todas as circunstâncias justas, prudentes, generosas, fiéis e corajosas; em outros termos, uma visão que se pauta em um único princípio diretor mostra-se equivocada: "... se considerarmos a moral como exclusivamente centrada sobre a resolução de conflitos, a harmonia social e a proteção de direitos, é que ignoramos o fato de, em numerosas culturas, inclusive a nossa, o que chamamos moral comporta também uma, ou várias, concepções da 'boa' pessoa, da maturidade individual e da 'boa' vida, coisas que não dizem apenas respeito às relações sociais" (Flanagan, 1996 [1991], p.21).

---

12 Comte-Sponville (1995) e La Taille (2000), apesar de considerarem a justiça como a virtude mais importante, discordam quanto ao fato de todas as outras estarem subordinadas ou se reduzirem a ela. "A justiça, mesmo consumada, não poderia nos dispensar da generosidade..." (Comte-Sponville, 1995, p.112, grifos meus).

13 Os poucos estudos que conheço foram desenvolvidos recentemente e em caráter exploratório pelo grupo de pesquisa *Psicologia da moralidade humana*, coordenado pelo Prof. Dr. Yves de La Taille, que teve como objetivo verificar como as crianças representam diversas virtudes morais, inclusive a lealdade.

3
Considerações sobre a Lealdade

Notas preliminares

Não faltam exemplos ficcionais em que a lealdade desempenha papel fundamental na determinação das ações morais. A literatura parece ser o palco, por excelência, em que os destinos dos personagens são modificados radicalmente por esse valor. Por exemplo, a tragédia *Antígona*, escrita por Sófocles (apr. 496-406 a.C.), pode ser considerada como uma das mais importantes obras de ficção que tratam do valor moral da lealdade. Essa bela peça – como tantas outras desse período, entre as quais *Édipo-Rei*, do mesmo autor – traduz um momento da Grécia antiga caracterizado pela *consciência trágica*. Nele, a concepção mitológica não foi totalmente superada e a filosófica ainda não se encontra totalmente consolidada. Assim, o cidadão grego oscila entre aceitar as regras impostas pela tradição, uma vez que elas estão assentadas nos desígnios dos deuses, e as que informam ser o cultivo da razão o responsável pelos comportamentos éticos. Essa indecisão se traduz nas peças, pois, apesar de serem elaboradas a partir dos mitos, são humanas, questionam as regras estabelecidas e manifestam a busca e a vontade dos homens de assumir as rédeas de suas vidas, bem como as conseqüências dos seus atos. Mesmo que ao término das peças acabe prevalecendo o *a priori* do destino, vê-se nas personagens uma vontade de querer superá-lo, o que, quase sempre, é punido com a retirada da vida.

Resumidamente, *Antígona* trata das conseqüências decorrentes da transgressão das leis dos deuses e dos homens. Antígona, Polinice, Etéocles e Ismênia são filhos do casamento incestuoso de Jocasta com Édipo. A tragédia inicia-se quando Creonte (irmão de Jocasta), apoiado por Etéocles, se apossa do trono de Tebas, que tinha sido abandonado por Édipo. Polinice, entretanto, contesta a legitimidade do novo rei e resolve destituí-lo pelas armas. Às portas da cidade, os irmãos acabam morrendo, um ferido mortalmente pelo outro. Creonte, tendo saído vitorioso, determina que somente Etéocles será enterrado segundo os funerais destinados aos grandes guerreiros e Polinice ficará ao relento para ser devorado pelos abutres, como forma de punição por sua traição a Tebas. A fim de garantir o cumprimento de sua vontade, decreta, ainda, que será condenado à morte todo aquele que tentar enterrar Polinice.

Antígona, contudo, não concorda com tal decisão. Para ela, segundo a tradição grega, tanto um irmão quanto o outro devem ser enterrados obedecendo a um certo ritual. Ismênia, apesar de compartilhar da mesma opinião, nega-se, contudo, a desobedecer às ordens de Creonte. Antígona, ao contrário, desobedece e enterra o irmão. Ao tomar ciência de tal acontecimento, Creonte, mesmo diante de todos esses argumentos, mantém-se intransigente e condena Antígona à morte. Quase chega a determinar o mesmo fim para Ismênia, por ter defendido a ação da irmã, mesmo não tendo participado dos funerais do traidor.

Creonte é alertado pelo coro, pelo corifeu e pelo sábio Tirésias sobre as conseqüências de sua decisão. Apesar disso, não muda de opinião. Perante a morte do seu filho mais velho e do extermínio do seu exército por um outro que já se considerava derrotado, decide, no entanto, revogá-la, mas já é tarde demais. Hêmon, seu filho caçula e noivo de Antígona, ao saber do triste fim da amada e diante da intolerância do pai, suicida-se; destino semelhante tem sua mãe e esposa de Creonte, que não suporta o destino dos filhos. Sobrevivem, apenas, Creonte e Ismênia.

Nota-se na tragédia, entre outras coisas, que Antígona age movida por lealdade às tradições estabelecidas pelos deuses, as quais só asseguram a vida eterna nos campos Elíseos se o morto receber os funerais. Veja-se o que ela diz quando pede auxílio a Ismênia, que a alerta para as conseqüências que o seu ato trará: "Nenhum dos dois é mais forte do que o respeito a um costume sagrado [enterrar os mortos, obedecendo a certos rituais]. Enterro meu irmão, que é também o teu. Farei a minha e a tua parte se tu te recusares. Poderão me matar, mas não dizer que o traí" (Sófocles, 1996, p.7).

Quando justifica a sua transgressão a Creonte, novamente Antígona refere-se à tradição.

A tua lei não é a lei dos deuses; apenas o capricho ocasional de um homem. Não acredito que tua proclamação tenha tal força que possa substituir as leis não escritas dos costumes e os estatutos infalíveis dos deuses. Porque essas não são leis de hoje, nem de ontem, mas de todos os tempos: ninguém sabe quando apareceram. Não, eu não iria arriscar o castigo dos deuses para satisfazer o orgulho de um pobre rei... Morrer mais cedo não é uma amargura, amargura seria deixar abandonado o corpo de um irmão. (Sófocles, 1996, p.22)

Ela tem plena consciência de que a transgressão das leis da *polis* (isto é, as de Creonte) implicará na sua morte. Entretanto, para ela, a manutenção da lealdade às leis dos deuses se mostra como um valor moral mais digno, mesmo lhe custando a própria vida, do que qualquer outra saída, como a de Ismênia, que, em presença da lei do tirano, busca conformar-se à situação.

Creonte, por sua vez, também por lealdade, só que à *sua* lei, acaba condenando Antígona à morte, mesmo sendo ela sua sobrinha e noiva do seu filho Hêmon, capitão de suas tropas. "É evidente que eu sou mais homem, e ela o homem se eu deixar impune a petulância. Não, embora tenha sido gerada por minha própria irmã, esteja mais próxima do meu sangue do que todos os que veneram Zeus no meu altar, nem ela nem a irmã escaparão a uma morte horrenda" (Sófocles, 1996, p.23).

Hêmon, diante desse quadro, mostra-se completamente perdido. Não sabe se deve manter-se leal à lei instituída pelo pai, renunciando a sua futura esposa, ou a seu amor. Como não se sente capaz de renunciar nem a um nem tampouco a outro, comete suicídio. Cabe salientar que, antes de concretizar tal ato, procura mostrar ao pai que a sua lei, bem como o fim a que destinou Antígona, não são justos. Ele diz ao pai: "Sábio é o que não se envergonha de aceitar uma verdade nova e mais sábio é o que a aceita sem hesitação. Quando a tempestade cai sobre a floresta, os abutres que se curvam à ventania resistem e sobrevivem, enquanto tombam [os] gigantes inflexíveis. Domina a tua cólera e cede no que é justo... Uma ordem generosa produz muito mais frutos. *Para os que governam saber esquecer é salutar*" (Sófocles, 1996, p.33; 35, grifos meus).

É possível inferir desses belos argumentos, como se verá adiante, que, em determinadas situações, a manutenção da lealdade soa como vício e, como tal, é capaz de levar até à própria ruína.

Certamente a literatura oferece inúmeros outros exemplos sobre o valor moral da lealdade, sobretudo nas situações-limite em que o preço pago pela sua manutenção é a infelicidade, a injustiça ou até a própria vida. É o caso de Rodrigo – protagonista da tragédia *El Cid*, do dramaturgo francês Pierre Corneille (1606-1684) –, que, por lealdade à sua honra, mata o pai da amada, provocando-lhe o seu ódio. É também o de Penélope, que, por vinte anos, aguarda fielmente o retorno de Ulysses de sua longa viagem. Ela passa, nesse período, a tecer um manto durante o dia, que, à noite, é desfeito, já que, se fosse concluído, seria obrigada a se casar com um dos seus pretendentes.

Porém, se me detive mais na tragédia de Sófocles, foi pelo fato de nela aparecer, a meu ver de forma emblemática, a importância da lealdade como valor moral.

No plano da realidade, pensamos que o exemplo mais representativo seja o de Sócrates, morto por lealdade à sua consciência e às leis que ele próprio ajudou a elaborar.

Relata Platão (428-348 a.C.) que, em 399 a.C., 501 cidadãos atenienses reuniram-se para realizar uma difícil missão: julgar Sócrates (470 ou 469-399 a.C.), filósofo admirado, sobretudo pelos jovens, e odiado por muitos cidadãos que viam nele um perigo para as tradições da *polis*. Filho de um escultor e de uma parteira, Sócrates, desde a mais tenra idade, mostrou-se interessado pelo aprendizado da arte do pai, chegando a desenvolvê-la por algum tempo, além de ter-se apropriado de quase todos os conhecimentos (música, ginástica e gramática) desenvolvidos no mais brilhante período do mundo grego. Uma das características atribuídas a ele, e considerada de grande valor, era a sua falta de temor. Nas duas guerras de que participou, defendeu com bravura Atenas, além de ter desafiado as ordens dos Trinta Tiranos, por algum tempo governantes dessa cidade-estado, em nome do que julgava justo e legal. Na sua vida, despojou-se de todas as riquezas, dedicando-se à tarefa de *dialogar com as pessoas*, o que era considerado por ele uma missão imposta pelos deuses. Acreditava que somente ele poderia ser concebido como um verdadeiro sábio, pois era o único que "sabia que não sabia".

Sócrates, imbuído pelos deuses dessa tarefa, passava então várias horas em praça pública refletindo ou discutindo com os transeuntes sobre as virtudes e os conhecimentos considerados inquestionáveis. Nesse trabalho, procurava convencer os que se acreditavam sábios de sua ignorância, ou da fragilidade de seus argumentos, mostrando serem esses simples hábitos ou construções teóricas faltos de base racional. Ao agir dessa maneira, destruía reputações, questionava verdades, mostrava a falta de fundamento dos argumentos apresentados e instaurava a dúvida.

> Para alguns – os que aceitavam submeter-se à fase construtiva da dialogação socrática –, aquele reconhecimento da ignorância do justo significado das palavras representava a oportunidade de um verdadeiro renascimento: o renascer na consciência de si mesmo, condição preliminar para a tomada de posse da própria alma. Para outros, porém, era o esboroar do prestígio em plena praça pública. Ou então era a instauração de questões e dúvidas ali onde há séculos perdurava a cega certeza dos preconceitos e das crendices: no campo dos valores morais e religiosos, que orientavam a conduta dos indivíduos mas também serviam de alicerces às instituições políticas. (Pessanha, 1987, p.VIII)

Com Sócrates, a Grécia antiga fixa morada definitiva na racionalidade, passando da consciência trágica para a filosófica.

Quanto ao julgamento[1], Sócrates foi acusado pelo poeta Meleto, o político Anitas e por Licão de corromper os jovens e negar os deuses da *polis*. Diante de tais acusações, inicialmente, analisa-as, procurando evidenciar que nem os próprios acusadores sabiam do que o acusavam. Em seguida, conta a história de sua vida, informa sobre outras calúnias de que fora vítima e procura explicitar as razões que o levaram a se dedicar ao ofício da conversa. Objetiva, com isso, demonstrar que as acusações são mentirosas, já que sempre se mostrou defensor das leis da *polis*.

Exemplifica ainda seu relato relembrando à maioria dos presentes que certa vez, ao presidir o Conselho encarregado de julgar os dez capitães que não recolheram os mortos da batalha naval ocorrida em Arginusas (406 a.C.) – tradição cara ao povo ateniense –, ele se colocou radicalmente contra a realização de um julgamento em bloco, por considerá-lo ilegal.

... vós os queríeis julgar em bloco, o que era ilegal, como todos reconhecestes depois. Naquela ocasião fui o único dos prítanes que me opus a qualquer ação ilegal vossa, votando contra; os oradores estavam prontos a processar-me, a mandar-me prender; vós os incitáveis a isso aos brados. Embora! Achei de meu dever correr perigo ao lado da lei e da justiça, em vez de estar convosco numa decisão injusta, por medo da prisão ou da morte. (Platão, col. *Os pensadores*, 1987, p.17)

Ele não visava, como era de se supor, despertar sentimentos de piedade nos juízes, mas esclarecê-los e convencê-los da verdade. Para ele, as acusações careciam de fundamento, prestavam-se unicamen-

---

1 Cabe lembrar que Sócrates não escreveu coisa alguma ou, se o fez, não a tornou pública. Assim, todas as referências feitas à sua vida e ao seu pensamento são decorrentes do que os seus discípulos escreveram, em especial Platão. Em razão disso, vários pensadores questionam se realmente Sócrates existiu ou se o seu julgamento ocorreu. Para os meus propósitos, estou aceitando o relato feito por Platão, considerado por muitos pensadores fiel ao ocorrido.

te à vingança e revelavam quanto seus opositores invejavam o poder que exercia sobre os jovens, e em particular por ser um homem pobre e feio.

Apesar de ter declarado inocência, e mesmo diante da inconsistência das acusações, Sócrates foi condenado. Talvez a forma como procedeu à sua defesa tenha contribuído ainda mais para esse fim trágico, pois, ao se mostrar tranqüilo, pouco preocupado em adular servilmente ou provocar a compaixão dos juízes, além de conceber a morte em nome da verdade como algo digno, acabou por aumentar a ira dos seus adversários. Pessanha afirma que "mesmo para uma democracia como a ateniense, ele era uma ameaça e um escândalo: a encarnação, para a mentalidade vulgar, do 'escândalo filosófico'..." (*apud* Platão, 1987, col. *Os pensadores*, p.IX).

Como era comum naqueles tempos, Sócrates foi convidado a determinar sua pena. Ele poderia ter proposto o pagamento de uma multa, que seria prontamente aceita, já que foram somente 60 os votos a mais favoráveis à sua condenação. Por se considerar inocente, propõe, contudo, uma pena incapaz de ser aceita – ser sustentado no Pritaneu. Ao proceder dessa forma, Sócrates, na verdade, informou ao Conselho que preferia a morte a ter de trair a sua consciência. Ele alega: "dizendo isso pode parecer, como foi a respeito das lamúrias e súplicas, que falei presunçosamente. Não é assim, Atenienses; mas é que estou convencido de que não faço mal a ninguém por querer, mas não consigo convencer-vos disso" (Platão, 1987, col. *Os pensadores*, p.22).

Numa outra passagem, ainda quando discute as punições, Sócrates manifesta quanto é fiel a sua consciência:

> Pode alguém perguntar: "Mas não será capaz, ó Sócrates, de nos deixar e viver calado e quieto?". De nada eu convenceria alguns dentre vós mais dificilmente do que disso. Se vos disser que assim desobedeceria ao deus e, por isso, impossível é a vida quieta, não me dareis fé, pensando que é ironia; doutro lado, se vos disser que para o homem nenhum bem supera o discorrer cada dia sobre a virtude e outros temas de que me ouvistes praticar quando examinava a mim mesmo e a outros, e que vida sem exame não é vida digna de um ser humano, acreditareis

ainda menos em minhas palavras. Digo a pura verdade, senhores, mas convencer-vos dela não me é fácil. (Platão, 1987, col. *Os pensadores*, p.22)

Com a proximidade da execução da pena, os discípulos de Sócrates suplicam-lhe que fuja. Mesmo considerando injustas as decisões tomadas, recusa-se a fugir, pois isso significaria ser infiel a uma decisão tomada. "Porque não traíra sua consciência, preferia a morte a declarar-se culpado. Mas porque respeitava a lei não quisera fugir da prisão. Suas últimas palavras teriam sido ainda um testemunho dessa dupla lealdade: a si mesmo e aos compromissos assumidos" (Pessanha, In: Platão, 1987, p.XI).

Aspectos da lealdade

A palavra *lealdade* é empregada em situações diversas. Disse que Antígona era leal aos deuses, Penélope ao seu amor por Ulysses, Rodrigo à sua honra, Sócrates à sua consciência e às leis da *polis*, e o homem comum a patuás ou amuletos. A lealdade, destarte, pode ser estabelecida em relação a objetos, idéias ou pessoas[2]. Quanto à ação leal, ela tem peso diferente se for um ato rotineiro ou praticado esporadicamente; se obrigado ou executado voluntariamente.

Apesar disso, todas as relações de lealdade têm alguns elementos em comum. O primeiro deles é que ela envolve a crença em algo estimado. Só é possível ser leal se o sujeito estiver convencido, racionalmente ou não, da sua validade. Esse parece ser o caso de Antígona que, por crença às tradições da *polis* (entenda-se, às leis dos deuses) e, possivelmente, à fraternidade, desobedece às ordens do tirano Creonte.

A lealdade pressupõe, ainda, a presença da fé na imutabilidade do objeto, das idéias e das pessoas. Seria inconcebível alguém crer

---

2 Embora não seja meu objetivo analisar todas as formas de lealdade e os seres nela envolvidos, cabe-me lembrar que, além do homem, parece que esse valor também é partilhado por alguns animais, por exemplo, o cachorro ao seu dono.

no que imaginasse volúvel. Como seria possível ser leal a alguém em relação a quem, de antemão, se tem por certa a mudança no dia seguinte? Assim, para ser leal a alguém, além da crença em algo, é necessário acreditar que ele não vai se modificar. Desse modo, ela implica confiabilidade. Ela é "... uma divisão; não está em um ou em outro; está lá, acima ou ao lado, virtual, contendo nela os dois que ela atravessa como um diálogo que assume a sua fragilidade ao mesmo tempo em que encontra apoio suficiente para prosseguir. Representa, de certa forma, o terceiro, na sua função paradoxal: permanente e insituável; inobliterável e fugaz" (Sibony, 1992, p.15).

Essa crença vale, igualmente, para o que se encontra contrário à realidade, ultrapassado ou, até mesmo, de impossível aplicação, mas a que os indivíduos permanecem leais. Essa parece ser a situação dos partidários do sistema comunista, que se mantêm leais ao seu ideário mesmo quando a realidade imposta pelo neoliberalismo sinaliza o seu oposto, considerando-o superado ou de difícil execução.

Essa necessidade de tornar eterno o valor só é possível graças à memória. Diferentemente da natureza que, por esquecimento, repete as estações do ano e acaba inovando muito pouco, a memória possibilita o ato leal.

> A natureza é a grande esquecidiça, e é nisso também que ela é material. A matéria é o próprio esquecimento – só há memória do espírito. Portanto, o esquecimento é que terá a última palavra, como teve a primeira, como não pára de ter. O real é essa primeira palavra do ser, essa perpétua primeira palavra. Como poderia querer dizer algo? A criança-rei (o tempo) não é gaga, no entanto; ela não fala nem se cala, não inventa nem repete. Inconstância, esquecimento, inocência: realeza de uma criança! O devir é infiel, e mesmo as estações são volúveis. (Comte-Sponville, 1995, p.23-4)

A memória torna-nos capazes de lembrar; e o que nos faz querer lembrar é a lealdade. Ela é, assim, conseqüência da memória e o elemento que a valida. Como seria possível ser leal a algo sem o ato de recordar? Sem memória não seria possível o fortalecimento, ou até mesmo a existência da lealdade; no entanto, a memória não se perpetuaria caso a lealdade inexistisse. Isso não significa que ela seja um puro recordar por entretenimento ou sem finalidade. De que valeriam as lembranças se não quiséssemos que elas viessem à memória e servissem de elemento de prevenção, para que no futuro não se cometessem os mesmos erros do passado, ou se perpetuassem os acertos? Elas teriam pouca utilidade, servindo tão-somente como objeto conceitual de adorno.

Do passado, não façamos tábua rasa. Toda a dignidade do homem está no pensamento; toda a dignidade do pensamento está na memória. Pensamento esquecidiço talvez seja pensamento, mas sem espírito. Desejo esquecidiço é desejo, sem dúvida, mas sem vontade, sem coração, sem alma. A ciência e o animal dão mais ou menos uma idéia disso – embora isso não seja verdade para todos os animais (alguns são fiéis, dizem) nem, talvez, para todas as ciências. Pouco importa. O homem só é espírito pela memória, só é humano pela fidelidade [lealdade]. Guarde-se, o homem, de se esquecer de se lembrar! [...] O espírito fiel [leal] é o próprio espírito. (Comte-Sponville, 1995, p.25)

Assim, ser leal é lembrar-se de certas idéias, e de que se gostaria de mantê-las inalteradas. A lealdade tem um propósito: fazer algo vir à memória para não mudar. Isso não significa que as crenças não possam ser submetidas a críticas, discussões e reflexões, bem como, ante a evidências e a argumentos lógicos, modificadas. O mais apropriado seria afirmar que a lealdade resiste a abandonar ou mudar, a todo instante, valores considerados caros para o sujeito, tanto na sua relação consigo quanto com os outros.

Outro aspecto presente na lealdade é o de que ela não se inclina unicamente aos valores nobres. Um bando de ladrões pode ser leal ao seu chefe, da mesma forma que um cidadão às leis democraticamente elaboradas de seu país. Um ato leal não é, dessa maneira, determinado pelos valores a que se é fiel, mas ao fato de ele ser concebido como digno de ser adotado, isto é, possuidor de um valor para o sujeito.

Ela pressupõe ainda que os parceiros, participantes desse acordo, sejam livres para optarem por serem leais. Diferentemente da obediência à autoridade, a lealdade exige que o estabelecimento da ação leal seja decorrência de livre escolha. "Ora a fidelidade [lealdade] não é o edito de uma lei que não é permitido a ninguém ignorar, mas uma virtude que todos podem praticar. Ela não supõe o fato de pertencer, mas a adesão: só posso permanecer fiel [leal] a quem estou ligado e que está ligado a mim através de um compromisso que pode ser rompido" (Zempleni, 1992, p.63).
Além disso, a lealdade subentende uma troca e, em conseqüência, o outro. Ela só é possível em relações interpessoais, seja com outros indivíduos, instituições, e até com a sociedade. Não faria sentido a existência da lealdade, se ela não estivesse alicerçada no relacionamento interpessoal: "... a fidelidade [lealdade] supõe dois termos, dois indivíduos, ou um indivíduo e uma sociedade, uma instituição, e uma relação entre esses dois termos. Na ilha deserta não há fidelidade [lealdade]" (Wajsbrot, 1992, p.8).

A lealdade como fundamento moral

Segundo Comte-Sponville (1995), a lealdade exerce, às vezes, o papel de fundamento da moral. É ela a base que torna possível, por exemplo, a existência de qualquer virtude. Podemos ser generosos somente se formos leais à virtude da generosidade.

> A fidelidade [lealdade] não é um valor entre outros, uma virtude entre outras: ela é aquilo por que, para que há valores e virtudes. Que seria a justiça sem a fidelidade dos justos? A paz, sem a fidelidade dos pacíficos? A liberdade, sem a fidelidade dos espíritos livres? E que valeria a própria verdade sem a fidelidade dos verídicos? Ela não seria menos verdadeira, decerto, mas seria uma verdade sem valor, da qual nenhuma virtude poderia nascer. (Comte-Sponville, 1995, p.25-6)

Kant (1960 [1786]), apesar de conceber a lealdade como obrigatória e digna de elogio nas relações amorosas e de amizade, não a considera um valor moral em si e tampouco responsável pela ação moral. Para ele, a lei moral deve ser obedecida porque ela é universal, absoluta, incondicional e não sujeita ao tempo. Sendo assim, a lealdade (como fundamento moral) é de pouca serventia na concepção kantiana, pois, independentemente dela, o dever se impõe por si mesmo. A *lealdade à palavra empenhada*, aos cônjuges, aos amigos e familiares, seria conseqüência da imposição do dever moral, estando subordinada a ele.

> O valor moral da ação não reside, portanto, no efeito que dela se espera; também não reside em qualquer princípio da ação que precise de pedir o seu móbil a este efeito esperado. Pois todos estes efeitos (a amenidade da nossa situação, e mesmo o fomento da felicidade alheia) podiam também ser alcançados por outras causas, e não se precisava portanto para tal da vontade de um ser racional, na qual vontade – e só nela – se pode encontrar o bem supremo e incondicionado. Por conseguinte, nada senão a *representação da lei* em si mesma, que *em verdade só no ser racional se realiza*, enquanto é ela, e não o esperado efeito, que determina a vontade, pode constituir o bem excelente a que chamamos moral... (Kant, 1960 [1786], p.31-2, grifos do autor)

Compreende-se, então, que a visão kantiana se alicerça no pressuposto de que toda a vida moral deve seguir uma diretriz racional. Ela se imporia à consciência de cada um como algo necessário e justo, pois ela visa à defesa e ao respeito à dignidade humana. Na *Fundamentação da metafísica dos costumes* (1960 [1786]), Kant assim resume, na forma de imperativo categórico (mandamento), sua teoria moral: "*Age de tal maneira que uses a humanidade, tanto na tua pessoa como na pessoa de qualquer outro, sempre e simultaneamente como fim e nunca simplesmente como meio*" (p.69, grifos do autor).

Quanto a Aristóteles, apesar de não ter dissertado especificamente sobre a lealdade como excelência moral, assinala que a constância é condição necessária para a vida virtuosa. Em razão disso, questiono: agir dessa maneira não é ser leal à vida boa? Supondo que a minha leitura faça sentido, vê-se, então, que, também para o pensador de *Ética a Nicômaco*, o fundamento da moral é a lealdade.

O sucesso ou fracasso na vida não depende dos favores da fortuna, mas a vida humana, como dissemos, também deve contar com eles; na realidade, são nossas atividades conformes à excelência que nos levam à felicidade, e as atividades contrárias nos levam à situação oposta.... Nenhuma das funções do homem é dotada de tanta permanência quanto as atividades conformes à excelência... E entre estas mesmas atividades, *as mais elevadas são as mais duradouras, por ocuparem completa e constantemente a vida dos homens felizes*, pois esta parece ser a razão de não as esquecermos.

O homem feliz, portanto, deverá possuir o atributo em questão (isto é, constância na prática de atividades conformes à excelência) e será feliz por toda a sua vida, pois ele estará sempre, ou pelo menos freqüentemente, engajado na prática ou na contemplação do que é conforme à excelência. (Aristóteles, 1987, col. *Os pensadores*, p.132, grifos meus)

A lealdade virtuosa

Cabe sublinhar que nem todos os comportamentos leais podem ser vistos como uma virtude. Tendo como parâmetro a concepção aristotélica contida na obra *Ética a Nicômaco*, a ação moral de lealdade somente pode ser considerada virtuosa se for moderada.

Denominada também de excelente, ela não se traduz na obediência desmesurada a qualquer valor. É contrária a todos os tipos de excessos, como o de ficar atado a um acordo que possa significar prejuízo a outrem. "A Fidelidade [lealdade] não desculpa tudo: ser fiel ao pior é pior do que renegá-lo. Os SS[3] juravam fidelidade a Hitler; essa fidelidade [lealdade] no crime era criminosa. Fidelidade ao mal é má fidelidade" (Comte-Sponville, 1995, p.26).

Não se pode conceber, assim, o comportamento obstinado de lealdade a qualquer conteúdo como uma virtuosidade.

---

3 SS é abreviatura da seção de segurança organizada, originalmente, com o fito de proteger Hitler. Com o seu fortalecimento, foi, depois de algum tempo, transformada no serviço de informações do governo nazista alemão e uma das maiores responsáveis pelo extermínio dos judeus europeus.

A fidelidade [lealdade] é ou não louvável? Depende das "circunstâncias", em outras palavras: depende dos valores aos quais se é fiel. Fiel *a quê?* (...) Ninguém dirá que o ressentimento é uma virtude, ainda que permaneça fiel a seu ódio ou aos seus rancores; a boa memória da afronta é uma má fidelidade. Tratando-se de fidelidade, o epíteto não é tudo? E existe ainda uma fidelidade para com as coisas pequenas, que é mesquinharia e tenaz memória das bagatelas, insistência e teimosia... (Jankélévitch *apud* Comte-Sponville, 1995, p.26-7)

Outra característica presente na lealdade virtuosa é a possibilidade de se mudar de idéia. Diante de novos argumentos, que mostrem a incoerência, a insuficiência ou a caducidade do valor, um dos participantes do acordo, por exemplo, vê-se desobrigado a manter o ato de lealdade. Conforme Comte-Sponville (1995), ser leal é "recusar-se a mudar de idéia sem boas e fortes razões... é dar por verdadeiro, até novo exame, o que uma vez foi clara e solidamente julgado. Nem dogmatismo, pois, nem inconstância. Tem-se o direito de mudar de idéia..." (p.30). Disso se depreende que a manutenção da lealdade é dependente, além do valor, das razões que a justificam.

Em razão desses argumentos, caracterizo certas condutas leais como simulacro de lealdade. Por não ser produto de escolha, o indivíduo age fielmente como se fosse um autômato. É imposta pela tradição e não se questiona a sua validade.

É esse tipo que predominou nas sociedades escravocratas e ainda prevalece nas primitivas e tradicionalistas. Nessas coletividades, mesmo antes de nascerem, as pessoas já têm determinado o seu lugar na estrutura social, o que podem pensar a respeito de si, as opções profissionais, conjugais e afetivas. Suas identidades dependerão, portanto, da posição que ocupam no tecido social, ficando reduzidas as possibilidades de escolha e de decisão sobre aspectos de suas vidas e dos relacionamentos entre si. Por essa razão, os homens mantêm-se leais aos costumes e aos membros dessa sociedade por obrigação, e não por lealdade.

Há ainda, neste fim de século, um tipo de lealdade imposta por uma doença sexualmente transmissível. Refiro-me à Aids. A necessidade de precaver-se contra os reais perigos representados por ela fez com que as pessoas modificassem seus comportamentos sexuais, a ponto de a lealdade, seja a um único parceiro ou sob a forma de castidade, ser erigida à condição de única alternativa à garantia da sobrevivência. Como assinala Sibony (1992), "a 'fidelidade' [lealdade] imposta pela Aids deixou de ser fidelidade... a sua necessidade objetiva fez com que se tornasse uma precaução, uma técnica" (p.14).

Vê-se nitidamente – apesar de a aparência indicar o contrário – que essas condutas não podem ser concebidas como de lealdade e quiçá virtuosa. O indivíduo não toma aqui as rédeas de seu próprio destino, não sendo a lealdade, portanto, vista como um valor, dentre outros, regulador das relações de si para si e com os demais. Em outras palavras: não se pode ver essas ações como de lealdade, pois os indivíduos não optaram livremente por ser leais a algo estimado.

Em algumas situações, verifica-se a presença de um tipo de lealdade que se caracteriza muito mais por ser um vício. Ela não pode, a meu ver, ser considerada uma excelência moral porque, apesar da liberdade de escolha, se obedece cegamente e sempre a algo estimado. O que vale é manter a lealdade, seja a si, aos amigos, aos familiares ou a um acordo. Parte-se da premissa de que, uma vez estabelecida uma relação de lealdade, como à *palavra empenhada*, ela não pode ser modificada. A manutenção da lealdade, nesse aspecto, aproxima-se da fé, do dogmatismo e do fanatismo, pois ela impede a alteração de idéias, considerando-as absolutas. "... ela recusa antecipadamente tudo aquilo que pode acontecer de 'diferente' e que venha do 'Outro'" (Sibony, 1992, p.17).

Desse modo, pouco importa se o valor a que se é leal vai de encontro ao respeito mútuo e à reciprocidade. A idéia de humanidade não comparece como imperativo, mediador da ação, pois o importante é, unicamente, a relação do indivíduo com o ato, objeto do comportamento leal. Essa relação de lealdade, além disso, apresenta outras características:

• é vista, por quem a assumiu, como uma dívida que, por mais que haja empenho, nunca será integralmente paga, isto é, a lealdade obriga, na consciência dos envolvidos, a sua manutenção eterna;

- independe das conseqüências para si e para os outros. Esse problema, parece-me, foi vivido nas guerras em que os soldados permaneceram leais às ordens recebidas, mesmo colocando suas vidas em perigo e/ou morrendo;
- vê-se impossibilitada de mudar. Mesmo que tenha sido decorrente de procedimentos da razão, a lealdade *viciada* não admite modificar ou descumprir o que foi estabelecido. Por mais que argumentos racionais, solidamente construídos, e a realidade dêem mostras do contrário, a consciência não se transforma, conservando-se leal.

A lealdade virtuosa, ao contrário, está intimamente ligada ao valor da causa para o mundo em geral, não se traduzindo, dessa maneira, nem no excesso, tampouco na falta. O que Aristóteles escreveu a propósito da moderação, da coragem e de outras formas de excelência moral parece-me explicar e diferenciar adequadamente a lealdade como vício, deficiência moral ou virtude:

> ... a excelência moral é constituída, por natureza, de modo a ser destruída pela deficiência e pelo excesso, tal como vemos acontecer com o vigor e a saúde... O homem que evita e teme tudo e não enfrenta coisa alguma torna-se um covarde; em contraste, o homem que nada teme e enfrenta tudo torna-se temerário; da mesma forma, o homem que se entrega a todos os prazeres e não se abstém de qualquer deles torna-se concupiscente, enquanto o homem que evita todos os prazeres, como acontece com os rústicos, torna-se de certo modo insensível; a moderação e a coragem, portanto, são destruídas pela deficiência e pelo excesso, e *preservadas pelo meio-termo*. (Aristóteles, 1987, col. *Os pensadores*, p.139, grifos meus)

Isso posto, pergunto: onde situar Antígona e Sócrates? Certamente não seria na falsa lealdade, já que o filósofo da maiêutica era membro de uma sociedade democrática – pelo menos, para os cidadãos – e a tragédia de Sófocles refere-se a personagens que gozavam de certa liberdade para proceder às suas escolhas. Ambos exerciam a lealdade virtuosa, apesar de – ao manterem-se leais às suas crenças – praticamente condenaram-se à morte. Ser virtuoso nem sempre significa preocupar-se unicamente com a preservação da própria vida. Jesus Cristo, Sócrates e Antígona são exemplos de que, para uma idéia viver e ser propagada, o próprio fim coloca-se como imperativo.

Considerações finais

Procurei, com o presente ensaio, refletir sobre o estatuto ocupado pela *lealdade à palavra empenhada* na área de estudos denominada de Psicologia Moral. Pretendo, agora, fazer considerações sobre seu valor na contemporaneidade. Cabe lembrar que a lealdade em si não é boa nem má. A sua excelência, segundo Comte-Sponville (1995), dependerá do conteúdo a que se é leal. Assim, a *lealdade à palavra empenhada* de não contar nada um do outro a ninguém ou de emprestar dinheiro – práticas tão comuns entre as crianças – *a priori* não é propriamente uma excelência pessoal ou moral e tampouco um vício (tal como Kant e Aristóteles definiram tais termos). Tudo estará condicionado, nesses casos, ao conteúdo de tais acordos.

Não se trata de ser fiel [leal] a qualquer coisa; já não seria fidelidade [lealdade], e sim passadismo, obstinação bitolada, teima, rotina, fanatismo... Toda virtude se opõe a dois excessos, lembraria um aristotélico: a versatilidade é um, a obstinação é outro, e a fidelidade rejeita ambos igualmente. Meio-termo? Se quisermos, mas não como entendem os tíbios ou os frívolos (não se trata de ser um pouco versátil e um pouco obstinado!). O centro do alvo daria a idéia disso, melhor do que o atoleiro de nossas assembléias. Cumeada, dizia eu, entre dois abismos. A fidelidade não é nem versátil nem obstinada, e é nisso que é fiel. Quer dizer, então, que ela vale em si mesma? Para si mesma? Por si mesma? Não, ou não somente. *É sobretudo seu objeto que constitui seu valor*. Não se muda de amigo como de camisa, notava aproximadamente Aristóteles, e seria tão ridículo ser fiel a suas roupas quanto condenável não o ser a seus amigos – salvo, como diz alhures o filósofo, 'excesso de perversidade da parte deles'. (Comte-Sponville, 1995, p.26, grifos meus)

Fica evidente, então, que nem toda ação motivada por lealdade é digna de elogio. Como bem apontou o próprio Aristóteles, exceção feita aos perversos, ser leal a um amigo é uma atitude infinitamente mais apreciada e digna de valor do que o ser, por exemplo, a um móbile qualquer. Logo, *é sobretudo seu objeto que constitui seu valor*.

Penso, contudo, que o objeto não é, ainda, condição suficiente para se definir uma ação leal como virtuosa. Ela depende igualmente das condições em que se é leal. Por exemplo, ser leal a um amigo – não o denunciando quando cometera um assassinato, um roubo ou contara uma mentira, ou quando um inocente está para ser condenado em seu lugar por tais práticas – não se configura como uma ação louvável. Vê-se, portanto, que o objeto que constitui seu valor é insuficiente. É necessário saber em que contexto ele é leal.

Por exemplo, se determinado indivíduo é leal à palavra de não delação quando presencia o amigo furtando uma lata de leite em pó para alimentar o filho faminto, avalio que sua atitude, apesar de ilegal, é excelente da perspectiva moral. É óbvio que tal postura só será considerada virtuosa caso ele tenha refletido e, nesse processo, subordinado tal conduta ao princípio da valorização da vida, além de também ter ponderado que não havia outra alternativa, pois o amigo estava desempregado e já havia solicitado ajuda para a obtenção do alimento, tendo malogrado no seu intento.

Raciocínio semelhante pode ser empregado em relação à mentira. Ser leal ao amigo – não denunciando que ele contara uma mentira – não é, em si, prática indigna. Na Segunda Grande Guerra Mundial, quando um prisioneiro dos nazistas mentia ao dizer que desconhecia o paradeiro de seus compatriotas, ou quando um soldado alemão, sensibilizado com a situação dos judeus, dizia também não saber nada a respeito do destino dos refugiados – mesmo ciente do lugar onde eles estavam escondidos –, eles, na verdade, estavam sendo extremamente louváveis do ponto de vista moral. Afinal, mentir, nesse contexto, implicava a garantia da vida, a meu ver, o valor acima de todos os outros.[1]

Sem contar que, às vezes, ser leal ao amigo (em presença de uma mentira contada por ele) mostra-se como uma ação menos danosa para o conjunto das relações interpessoais do que o contrário. O professor de Psicologia Médica e Psiquiatria da Unicamp Joel Giglio, em entrevista concedida ao jornalista Roberto de Oliveira do noticiário *Folha de S.Paulo*, afirma que "todo mundo mente ou já mentiu. Na nossa sociedade, é uma necessidade. Muitas vezes, a exigência de um comportamento politicamente correto implica omitir a verdade, o que acaba levando à mentira" (Oliveira, 1º de abril de 2001, p.C-8).

Com tais considerações, pretendo apenas argumentar que também não considero a *lealdade à palavra empenhada* – objeto do presente ensaio – moralmente condenável, mesmo diante, por exemplo, de ter de mantê-la para encobrir um furto e/ou uma mentira. Ela dependerá, igualmente, da finalidade de tais infrações.

...

Isso posto, apesar de não haver dados informativos a respeito do crescimento da conduta da lealdade e mesmo se ela é decorrente do

---

[1] Não estou discordando de certa ponderação feita por Kohlberg em relação à destruição de uma vida para que milhões de outras possam ser mantidas, como no caso do provável assassinato de Hitler. Se alguém tivesse cometido tal ação na época em que ele exercia plenamente seu poder, teria provavelmente impedido a realização de inúmeros atos insanos. Logo, a retirada de sua vida serviria para que milhares de outras sobrevivessem. É válido também refletir que, se tal ato tivesse ocorrido, não teríamos a garantia de que outro "monstro" teria sido forjado, em parte, pelas condições históricas da época.

momento vivido por nós e, talvez em conseqüência, da maneira como as novas gerações estão sendo educadas, parece haver consenso – pelo menos entre os mais pessimistas – de que, nos dias atuais, estamos vivendo num mundo em decadência, de profunda crise de valores morais e éticos.

Carvalho (1989), ao comentar as posições do psicanalista Hélio Pelegrino (1924-1988), resume assim o seu pensamento acerca do mundo atual: "... sem amor, desoxigenante, terminal e incapaz de garantir a socialidade mínima. Nesse cenário dilacerador é que explodem a violência generalizada, a impotência social, o descalabro institucional, a reprodução ampliada da cultura do narcisismo que, de um lado, aposta na desestruturação da sociabilidade e, de outro, investe no curto-circuito da autopreservação desmesuradas" (p.9).

O sociólogo Richard Sennett (1943-) acredita que essa situação está relacionada à valorização da esfera privada em detrimento da pública. O autor, ao realizar análise histórica das razões que levaram à transformação da dimensão pública numa questão de obrigação formal, nota que as pessoas não estão, hoje, preocupadas com a descoberta de princípios supra-individuais. Busca-se, ao contrário, refletir sobre a própria vida psíquica, com o objetivo de desvelar os verdadeiros sentimentos, esquecendo-se ou desqualificando o fato de que são produzidos socialmente, além de transformar a solidão ou a convivência com amigos íntimos e familiares em um fim em si mesmo. "O eu de cada pessoa tornou-se o seu próprio fardo; conhecer-se a si mesmo tornou-se antes uma finalidade do que um meio através do qual se conhece o mundo" (Sennett, 1988, p.16).

O mais irônico e paradoxal desse declínio está nos seus efeitos. As regras que visam garantir minimamente a preservação do público ante as interferências da intimidade são vistas como nocivas, pois impossibilitam a demonstração plena dos afetos ou do que se convencionou designar de "verdadeiro eu". Imagina-se, dessa forma, que a diluição das fronteiras entre essas dimensões possibilitaria o aumento das relações interpessoais, bem como as tornaria mais verdadeiras e afetuosas. Observa-se, contudo, que, quanto mais se amplia a visibilidade da *psyche*, mais as relações são concebidas de maneira insatisfatória, ficando difícil, ou impossível, a expressão de sentimentos.

Quanto mais regras de localização, mais as pessoas procuram detectar; ou pressionam-se mutuamente para se despojar das barreiras dos costumes, das boas maneiras e do gestual que se interpõem no caminho da franqueza e da abertura mútuas. A expectativa é de que, quando as relações são chegadas, elas sejam calorosas; é uma espécie intensa de sociabilidade que as pessoas buscam ter, tentando remover as barreiras do contato íntimo, mas essa expectativa é frustrada pelo ato. Quanto mais chegadas são as pessoas, menos sociáveis, mais dolorosas, mais fratricidas serão suas relações. (Sennett, 1988, p.412)

Nesse quadro, o interesse político, quando há, é voltado para a análise da personalidade dos líderes, em prejuízo de programas baseados em relações sociais impessoais. Cabe observar que essa apreciação não está direcionada para a busca de traços de caráter, como a honestidade, a lealdade a ideais ou a coerência entre o discurso e a prática correspondente. Está, ao contrário, centralizada em questões mais ligadas ao cotidiano, isto é, se tais pessoas desempenham atividades domésticas semelhantes ou se compartilham dos mesmos gostos. Por exemplo, se faz café, sabe o preço do pãozinho ou ouve música pseudopopular.

Assim, com a perda dos parâmetros que limitam o campo de atuação da individualidade, há conseqüências desastrosas para a própria sociedade. Como Sennett (1988) lembra, "... uma vez que cada indivíduo é em certa medida uma câmara de horrores, as relações civilizadas entre os indivíduos só podem ter continuidade na medida em que os desagradáveis segredos do desejo, da cobiça ou inveja forem mantidos a sete chaves" (p.17).

Com a bela expressão *As tiranias da intimidade*, o referido autor define a maneira pela qual a maioria das pessoas se relaciona atualmente com o mundo, transformando questões públicas em privadas. Ela é produto de mudanças profundas, operadas principalmente pelo capitalismo globalizado. Não é imposta autoritariamente nem se resume aos vários compromissos da vida diária. É uma espécie de lente psicológica sedutora, por meio da qual a realidade social é avaliada e vivida. Assim, assuntos que só poderiam ser tratados pública e impessoalmente passam, em virtude disso, a ser avaliados sob o prisma dos interesses pessoais.

O sociólogo Christopher Lasch (1932-1994) acredita que esse quadro está intimamente ligado a um tipo de cultura da *sobrevivência* ou *narcísica*, que se caracteriza pela perda da crença na transformação social, pelo esvaziamento da atividade política como meio de melhoria das condições de vida e, nos seus lugares, pela valorização do autoconhecimento, do corpo e do sexo em si mesmos.

> O desastre em suspenso tornou-se uma preocupação cotidiana tão comum e familiar, que ninguém mais pensa em como o desastre pode ser afastado [na época que o autor produziu o presente escrito, ela estava se referindo a possibilidade de uma guerra nuclear; hoje, temos a violência e auto-violência urbana]. Ao invés, as pessoas ocupam-se com estratégias de sobrevivência, medidas destinadas a prolongar suas próprias vidas, ou programas garantidos que assegurem boa saúde e paz de espírito [ou um corpo esteticamente valorizado, independentemente das conseqüências para a saúde]. (Lasch, 1986, p.3-4)

Soma-se a isso o estado reinante de falta de compromisso com tudo e com todos, desde que não sejam os familiares e as pessoas mais próximas, indiciando um sombrio quadro de pessimismo e de descalabro institucional.

O psicanalista e cientista social Jurandir Freire Costa (1944-) sublinha que o mundo contemporâneo, ao apontar a todo o momento a impotência e a impossibilidade desse modelo social instituído, ativa mecanismos narcisistas de proteção do eu e leva as pessoas a desconsiderarem valores societários que garantam a sobrevivência da civilização (como a honestidade, a generosidade e a veracidade) e a mostrarem-se descrentes quanto ao poder da lei na solução de conflitos e na negociação de interesses coletivos (por exemplo, Costa, 1988 e 1999).

Ainda a esse propósito, em outro ensaio sobre as conseqüências da crise moral vivida por nós, o citado autor diz que tais conseqüências são produtos da instalação de uma certa cultura, definida, por ele, de *narcísica*. Num primeiro momento, essa cultura levou o cidadão brasileiro a dedicar-se ao culto do corpo e da sexualidade como forma de compensar a expulsão do cenário político promovida pelo autoritarismo militar. Atualmente, ela tem se apoderado de outras áreas da vida social, especialmente da *crença na viabilidade da idéia de justiça no Brasil*.

Banido há muito tempo da cidade política, o cidadão viu-se, agora, despido do direito à justiça... Sem o exercício perde-se o critério que permite o "cálculo de equivalência" na distribuição dos bens. Diante das desigualdades, que são realidades de fato, a justiça e a lei aparecem como valor. Por conseguinte, à perda do direito de participar, soma-se agora a perda do direito de partilhar. Mais que isso, na ausência da justiça, e não tendo mais como reivindicar o que é de "meu direito" ou de "minha propriedade", perde-se aos poucos a própria noção do que seja valor. Entregues a uma espécie de "relativismo" prático e generalizado, os indivíduos nada mais podem fazer, exceto sobreviver segundo a lei do mais forte. Se não há mais como recorrer a regras supra-individuais, historicamente estabelecidas pela negociação e pelo consenso, para dirimir direitos e deveres privados, tudo passa a ser uma questão de força, de deliberação ou decisão, em função de interesses particulares. Donde o recurso sistemático à violência, à delinqüência, à mentira, à escroqueria, ao banditismo "legalizado" e à demissão de responsabilidade, que caracterizam a "cultura cínico-narcísica" dos dias de hoje. (Costa, 1989, p.30-1)

Assim, parece que valores de outrora – tão caros a nossos pais – não estão sendo mais considerados ou, o que é pior, estão deixando de ser formulados. Falar de virtudes relacionadas à moral do *como se deve agir* (públicas), como generosidade, humildade, justiça, e tantas outras, soa como algo fora de moda, pertencente a outros tempos. A impressão é a de que tudo está reduzido à lógica do que denominamos de neoliberalismo, para o qual ter riqueza, *status* social, força física e beleza parecem ser as qualidades mais importantes, ou as únicas merecedoras de crédito, em muitos casos. E, quando são feitas referências a outros valores, esses quase sempre são os ligados ao universo particular (moral do *como devo ser*), mais próximo de si, como a lealdade aos irmãos, amigos e colegas de grupo.

O diagnóstico feito no século XIX pelo escritor e político francês Alexis de Tocqueville (1805-1859) sobre as conseqüências do regime democrático – que tinha sido recém implantado nos EUA –, sobretudo da idéia de igualdade entre os homens, resume o estado atual vivido por nós. Por essa razão, julgo interessante transcrever o longo trecho em que o pensador faz considerações sobre o despotismo contido nessa idéia. É, a meu ver, de uma atualidade impressionante.

Se quisessem imaginar com que traços novos o despotismo poderia produzir-se no mundo, veriam uma multidão incontável de homens semelhantes e iguais, que se movem sem cessar para alcançarem pequenos e vulgares prazeres, de que enchem a própria alma. Cada um deles, separado dos outros, é como que estranho ao destino de todos eles: *seus filhos e amigos particularmente formam, para ele, toda a espécie humana; quanto ao restante de seus concidadãos, está ao lado deles, mas não os vê; toca-os, mas não os sente; só existe em si mesmo e para si mesmo e, se lhe resta ainda uma família, pode-se dizer que não tem mais pátria.*[1]

Acima desses homens erige-se um poder intenso e tutelar, que se encarrega sozinho de assegurar-lhes os prazeres e de velar-lhes a sorte. Este poder é absoluto, minucioso, regular, previdente e suave. Assemelhar-se-ia ao poder paterno, e, com ele, teria como objetivo preparar os homens para a idade viril; mas, ao contrário, procura somente mantê-los irrevogavelmente na infância; tem prazer em que os cidadãos se regozijem, desde que não pensem em outra coisa. Trabalha com prazer para seu bem mas quer ser o único a fazê-lo e o árbitro exclusivo... não dobra as vontades, amolece-as, inclina-as e as dirige; raramente força a agir, mas opõe-se freqüentemente à ação; não destrói, impede o nascimento; não tiraniza, atrapalha, comprime, enerva, arrefece, embora, reduz, enfim, cada nação a nada mais ser que *uma manada de animais tímidos e industriosos, cujo pastor é o governo*....

---

1 Parte desta passagem foi tomada de empréstimo como epígrafe por Senett (1988).

Nossos contemporâneos são constantemente instigados por duas paixões inimigas: sentem a necessidade de ser conduzidos e a vontade de ser livres. Não podendo destruir nem um nem outro desses instintos contrários, esforçam-se em satisfazê-los a ambos ao mesmo tempo. Imaginam um poder único, tutelar, onipotente, mas eleito pelos cidadãos. Combinam centralização com a soberania popular. Isso lhes dá algum sossego. Consolam-se do fato de estarem sob tutela lembrando-se de que escolheram o tutor. (Tocqueville, 1973 [1835], p.312-3, grifos meus)

O pensador francês Etienne de La Boétie (1530-1563), na obra *Discurso da servidão voluntária* – escrita por ele quando tinha apenas 23 anos de idade –, faz análise semelhante quanto à condição de tutela a que os homens estão submetidos. Segundo ele, nós somos escravos não porque alguém nos colocou nessa posição, mas porque acostumamo-nos a servir, com a intenção de gozar dos mesmos benefícios e ter os mesmos bens que os nossos tiranos. Contudo, ao descobrirem – por meio da aquisição do conhecimento – que essa condição "de servir" não é natural, deixamo-nos de submeter de bom gosto aos déspotas.

A primeira razão da servidão voluntária é o costume. Eles dizem que sempre foram súditos, que seus pais viveram assim; pensam que são obrigados a suportar o mal, convencem-se com exemplos e ao longo do tempo eles mesmos fundam a posse dos que os tiranizam; mal como em verdade os anos nunca dão o direito de malfazer, aumentam a injúria. Sempre se encontram alguns bem-nascidos que sentem o peso do jugo e não podem se impedir de sacudi-lo, que jamais se acostumam com a sujeição... são estes que, tendo a cabeça por si mesmos bem-feita, ainda a poliram com o estudo e o saber [Para eles,] a servidão não é de seu gosto por mais que esteja vestida. (La Boétie, 1986 [1553], p.24)

Essa situação acontece porque, além dessas razões estruturais – próprias da lógica dos regimes democráticos e capitalistas –, o processo educacional ao qual nossas crianças estão submetidas (particularmente, o operado pelos meios de comunicação de massa) incita e valoriza unicamente a construção ou a reconstrução de valores ligados à glória e à dimensão privada e, quase sempre, em detrimento dos eminentemente morais.

A influência desse processo educacional, por sua vez, só é possível porque a imagem que temos de nós mesmos se constitui num valor a ser mantido, pois é vista como uma *imagem positiva de si* (Perron, 1991 apud La Taille, 2000).

...

Segundo La Taille (1998a, 2000), o valor que temos de nós pode ser moral. Por exemplo, ter a imagem de honesto e/ou de corajoso como aspectos positivos. Pode, ao contrário, ser não-moral. Então, ser belo, rico e importante socialmente passam a ser os valores buscados. A presença de um ou de outro tipo de valor é de suma importância para a constituição de um indivíduo moral. Caso os valores morais sejam centrais para o indivíduo, ele poderá, por exemplo, sentir vergonha, desonra ou indignidade se for medroso ou cometer algum ato desonesto; ao passo que, se esses valores forem periféricos ou não estiverem vinculados à personalidade dos indivíduos e os centrais forem os ligados à glória, esses sentimentos aparecerão quando ele não possuir riqueza ou o padrão de beleza almejado.

De fato, alguém poderá ter uma imagem positiva de si que não inclua a dimensão moral. Alguém poderá ter sua identidade associada a valores como ser rico, bonito, bem-sucedido, enquanto outros permaneceriam periféricos. Entre esses outros valores poderão estar, justamente, os valores morais, como a honestidade, a coragem, a lealdade etc. Para outras pessoas, poderá ocorrer o contrário: os valores morais estarão no centro de sua identidade e outros (como ser bonito ou rico) na periferia. É bem provável que o lugar ocupado por estes valores seja forte determinante da conduta. Se alguém vê a si próprio como essencialmente honesto, tenderá a agir de forma honesta para preservar a identidade e sentirá forte vergonha quando suas ações infringirem os imperativos desta virtude. Em compensação, outra pessoa que vê a si própria sobretudo como "bonita", "melhor que os outros", "gloriosa", certamente agirá de forma a preservar tais atributos, mesmo que, para isto, infrações morais precisem ocorrer. (La Taille, 1998a, p.14-5)

Movimento semelhante pode ser pensado, ainda segundo o referido pesquisador, no interior do próprio campo moral: o indivíduo pode priorizar alguns valores muito mais do que outros. Assim, "uma pessoa poderá associar sua personalidade a alguns traços morais (como coragem e lealdade) e não a outros; ou mais a uns do que a outros" (La Taille, 1988c, p.10). Além disso, a mesma pessoa poderá agregar à sua personalidade mais valores morais voltados para o outro, isto é, relacionados ao *como devo agir* ou para si (*como devo ser*).

Ora, como La Taille (1988a, 2000), Araújo (1993), Costa (1989, 1999) e outros pesquisadores, avalio que atualmente a imagem apresentada e valorizada por várias agências socializadoras é a que associa a personalidade a valores não-morais, isto é, a formas de "glória" (beleza, força física, fama e riqueza).

Assim, caso seja a pretensão do educador, hoje, humilhar ou repreender determinado estudante por ter cometido algum tipo de travessura, não será utilizando-se de expressões que tenham conteúdo moral. É provável que manifestações dessa natureza – como a de que "Você é desonesto!" ou "Você é injusto!" – sejam desconhecidas ou não façam sentido para ele. Agora, se for chamado de pobre, fraco fisicamente ou feio, a probabilidade é de que ele reaja, quase sempre, de maneira violenta. Eles procedem dessa maneira por terem tais valores como vitais para a sua existência e, possivelmente, por acreditarem ou conhecerem essa via como a única para responder a uma situação vista como de humilhação. Esperam, com isso, recompor a auto-imagem que, de alguma maneira, foi ferida por tais acusações.

Pode acontecer, também, de tais instituições incitarem à construção de valores mais ligados à dimensão privada. Dessa forma, o mesmo sujeito em questão talvez não se sensibilize por ser chamado de desonesto ou de injusto, mas se mostre bastante ofendido por ser acusado de desleal a um amigo ou à palavra dada. Nesse caso, não se trataria de valores ligados à glória, mas pseudomorais, já que, por terem como marca a lealdade e a amizade, dão a impressão de que são excelentes (moralmente falando). Baseio-me no fato de que a lealdade[3] e a amizade podem ser universais, na medida em que todas as pessoas desejam e prezam tais valores. Contudo, como salientei em relação à lealdade, o objeto e as condições de sua prevalência são essenciais (lealdade a quê, amizade a quem e em que situações).

Esse me parece ser o objeto deste ensaio: a *lealdade à palavra dada*, em si, não pode ser vista como valor moral. Ela dependerá, sobremaneira, do contexto em que tal lealdade foi exigida. Por exemplo, uma coisa é alguém se manter em silêncio e não delatar um amigo que cometeu um assassinato pelo simples fato de ele ser seu amigo. Outra é não o delatar, mesmo tendo cometido tal crime, mas por outras razões. Por exemplo, o fato de ele ter, com isso, impedido que outras pessoas fossem injustamente assassinadas.

Acontece que quando a lealdade deixa de considerar as outras pessoas – apesar de ser concebida à primeira vista como louvável –, coloca-se, dessa maneira, contrária à moral, seja ela encarada como algo que objetiva a constituição de uma vida feliz ou a existência da sociedade.

Ela é oposta a uma "vida boa" exatamente porque se choca com a doutrina defensora do princípio de que a finalidade dos atos humanos (individuais e coletivos) consiste na busca da felicidade – o *eudemonismo* –, objetivo que só pode ser alcançado por intermédio do exercício das virtudes. Assim, ser *leal à palavra* de, por exemplo, manter-se em silêncio, mesmo ante uma infração cometida por um dos signatários, não é ter uma postura compatível com a visão defendida pelo criador dessa doutrina (Aristóteles), apesar de ser aparentemente coerente com a busca da felicidade.

Essa suposta busca, por meio da manutenção do respeito ao acordo, coloca-se como um valor que, para efetivar-se, obriga o uso de outras pessoas como meio para a sua concretização. Logo, tal valor

---

3 Além de ser a lealdade necessária à existência da moral, pois é graças a ela que se dá a conservação dos valores. Afinal, como seria possível a moral de uma comunidade se os seus membros não fossem leais às regras e aos valores que a compõem?

não respeita a coletividade e, portanto, é incapaz de reivindicar a universalidade (como faz, por exemplo, a coragem, a humildade e a generosidade).

Raciocínio semelhante pode ser empregado em relação à palavra dada de empréstimo de dinheiro, mesmo quando se está diante de alguém faminto e sem outras condições de obter alimento que não seja, é óbvio, pedindo aos transeuntes a doação de recursos financeiros para a sua compra. Pode parecer, à primeira vista, que essa ação tenha por finalidade a busca de uma vida boa. Contudo, assim como o acordo de silêncio, a sua observância não é passível de universalidade.

Cabe acrescentar que, além disso, ela se coloca contrária à generosidade, essa sim, valor que pode reclamar o estatuto de universalidade: todas as pessoas a prezam, pelo menos é o que supomos, e consideram dignos de elogio os praticantes de atos magnânimos, além de ela contribuir para a existência e a perpetuação da vida societária.

> ... a alegria ou o amor podem *nascer* da generosidade, e não se reduzir a ela ou com ela se confundir. Para fazer bem a quem se ama, não é preciso o "mandamento da razão", nem, pois, da generosidade: basta o amor, basta a alegria! Mas, quando o amor falta, quando a alegria falta ou é muito fraca, a razão subsiste, e ela nos ensina – ela, que não tem ego e, por isso, nos liberta do egoísmo – que "nada é mais útil ao homem do que o homem", que todo ódio é ruim, enfim que "quem é conduzido pela razão deseja para os outros o que deseja para si mesmo"... trata-se de combater o ódio, a cólera, o desprezo ou a inveja – que não passam de tristezas e de causas de tristezas – pelo amor, quando ele existe, ou pela generosidade, quando ele não existe. (Comte-Sponville, 1995, p.111-2, grifo do autor)

...

Isso não significa que, por entender tais condutas de lealdade como vícios, somos adeptos da delação. Em princípio, diria que a nossa inclinação à conduta de delação dependerá do conteúdo e do contexto de sua ocorrência, como ocorre à maioria dos valores. Segundo La Taille (2000), com cujo raciocínio estou inteiramente de acordo, com exceção da justiça – único valor que é, em si, bom –, os demais dependem do conteúdo e do contexto para serem avaliados como virtuosos ou desprezíveis. "Dentre as várias virtudes, a justiça talvez seja a única que é 'sempre boa'. Outras, como a coragem, prudência e temperança somente merecem o nome de virtude se associadas ao Bem. *Dependem, portanto, do conteúdo*, enquanto a justiça basta-se a si mesma" (La Taille, 2000, p.9, grifos meus).

Não se vê, desse modo, a delação em si como uma atitude, moralmente falando, admirável ou detestável. O fato de algumas crianças delatarem um colega que cometeu uma infração ou uma travessura qualquer não é visto como uma ação digna de elogio ou de crítica. Tudo dependerá das condições em que tal ato ocorreu.

Por exemplo, julgo ser uma atitude condenável se o delator agiu com a finalidade de obter aprovação do professor ou como forma de retribuir possível ofensa ou castigo provocado pelo autor da infração. Avalio de maneira oposta se, antes da delação, o seu autor tenha tentado conscientizar o infrator ou mesmo procurado demovê-lo a não reincidir na infração.

Faria apreciação semelhante se a conduta de delação fosse previamente combinada entre os envolvidos. Nesse caso, inclusive, não avaliaria o delator como autor de uma ação desprezível. Ao contrário, tratar-se-ia de atitude elogiosa, pois ela estaria fundamentada num contrato em que, livremente e fazendo uso da razão, subscreveram os seus signatários.

Apesar dessas ponderações, cabe dizer que freqüentemente as crianças tendem a avaliar como extremamente negativa a conduta de colegas que delatam seus pares, quase sempre, por terem feito algum tipo de travessura, como a de escrever um palavrão na lousa na hora do recreio.[4] Sabe-se, inclusive, o preço que freqüentemente

---

4 Curiosa a expressão "recreio", quando ligada ao contexto do ensino formal. O referido termo provém do verbo "recrear" e significa, segundo definição vernácula do dicionário Aurélio, "sentir prazer ou satisfação, divertir-se" (Ferreira, 1986). Ela traz implícita a idéia de que o aprendizado formal é uma

o delator é obrigado a pagar. Ele é, geralmente, rotulado com expressões do tipo "dedo-duro" ou "cagueta" e colocado à margem ou excluído do grupo de amigos. Ao agir dessa maneira, os delatados – juntamente com os solidários – procuram demonstrar que o laço de solidariedade que os unia foi rompido.

Esse comportamento mostra, por si só, que a *lealdade à palavra dada* é um valor extremamente importante para os escolares, sobretudo quando se trata de manter segredo. Assim, os educadores devem ter consciência da importância desse tipo de lealdade para os escolares. Sem isso, é provável que as implicações desse desconhecimento tragam conseqüências desastrosas para todos os envolvidos.

Segundo os proponentes dos novos *Parâmetros curriculares nacionais*, publicados em 1997 pelo Ministério da Educação e do Desporto (MEC) – baseados no 2º parágrafo do artigo 26 da *Declaração Universal dos Direitos do Homem* –, a educação deve visar ao pleno desenvolvimento da personalidade do educando e isso compreende que ela deve ter por finalidade a transmissão dos conhecimentos produzidos ao longo da história da humanidade e, sobretudo, o desenvolvimento cognitivo, afetivo e moral de nossas crianças e jovens, objetivando a produção de cidadãos (Brasil, 1997). Em outros termos, a educação deve auxiliar na construção de indivíduos autônomos, equilibrados emocionalmente e dotados de pensamento abstrato[5]. Como disse Comte-Sponville (1995) ao tecer considerações

---

atividade não afeita ao prazer, à diversão e à satisfação. Embora concorde com La Taille (1998b), que a função da educação formal é a de, prioritariamente, fazer crescer, penso, assim como ele, que o ensino não deve divorciar-se da busca de satisfação. Além disso, concordo com Fernandez (1990) quando, em tom de crítica, assinala que a escola tem criado ultimamente artifícios para lidar com tais questões. Por exemplo, a cada hora de ensino de matemática (maçante), uma de educação artística (supostamente, lugar do prazer, da diversão e da satisfação).

5 A rigor, a existência de indivíduos autônomos já pressupõe que eles sejam, do ponto de vista emocional, equilibrados e tenham um pensamento próprio do período operatório formal (segundo definição de Piaget, 1973 [1964]). Se as apresento como características separadas é com a única intenção de reforçar a preocupação dos proponentes dos *Parâmetros* com o desenvolvimento infantil em todas as esferas.

sobre a generosidade, a educação deve produzir indivíduos capazes de fazer uso da racionalidade, único elixir apto a nos tornar *libertos de nosso pequeno eu*.

Essa maneira de ver a educação formal é diferente da visão anterior, cuja premissa era a de que a criança seria uma espécie de *adulto em miniatura*, bastando, portanto, a transmissão de conteúdos para a sua transformação em adulto completo. Vamos encontrar, agora, subjacente aos novos objetivos da educação, a concepção de que a criança é um ser qualitativamente diferente do indivíduo adulto e, mesmo, de outras crianças localizadas em momentos diferentes do desenvolvimento e, por conseguinte, possuidoras de pensamento diverso.

Nessa perspectiva, é evidente que, se o educador desprezar os valores apreciados pelas crianças, poderá ter dificultada ou até mesmo impossibilitada a sua tarefa de contribuir para o seu desenvolvimento ético.[6] Por exemplo, se o professor incita os escolares a delatarem os colegas que estão colando, ele pode julgar que, com isso, estará estimulando as crianças a desenvolverem a virtude da honestidade; valor, sem dúvida, mais necessário para a sociedade do que a lealdade entre amigos. Todavia, a meu ver, a conseqüência poderá ser, nesse caso, oposta à esperada. Os escolares poderão a) se sentir desmotivados a construir tal valor, bem como os demais demandados por um regime democrático (por exemplo, justiça, respeito mútuo e diálogo), b) ter atitude de desrespeito no tocante a tais valores e mesmo de c) desconsideração em relação aos que os possuíam, como lealdade e coragem (afinal, tais valores, caros para eles, não foram considerados, tampouco problematizados).

Isso é o que acontece quando, muitas vezes, os professores – e é bom que se diga: quase sempre sem terem consciência – incitam as

---

6 É lógico que o educador não terá problemas apenas com o desenvolvimento ético de seus alunos. Na verdade, sua ação poderá trazer efeitos negativos também para o desenvolvimento afetivo e o cognitivo. Afinal de contas, em tais esferas, a exigência de reversibilidade é imperativa e o seu não desenvolvimento, em qualquer uma delas, poderá trazer conseqüências para as outras (pelo menos, em relação à competência para se fazer uso da razão na solução dos conflitos).

crianças a manifestarem esse tipo de conduta, seja ameaçando com a retirada de amor, seja fazendo uso de *sanções autoritárias*. Entendo por tais sanções aquelas que Piaget definiu como imanentes e expiatórias. As primeiras, freqüentemente utilizadas pelos professores, procuram convencer a criança de que, se ela não contar quem foi o autor da travessura, uma força – por causa do seu silêncio (no caso, o poder de Deus) – far-se-á presente e, por conseguinte, castigá-la-á pelo pecado de ter ocultado o responsável. As segundas são todas aquelas em que a qualidade do castigo é estranha à do delito. Os educadores procuram, por exemplo, diminuir a nota obtida por todos os escolares da sala em razão de não terem delatado e também por se tornarem, com tal medida, cúmplices e, portanto, igualmente responsáveis por tais atos. Piaget, a esse propósito, assinala que uma parte significativa das crianças menores e maiores tende a concordar com o procedimento adotado pela professora de aplicar a punição a todos quando não sabe quem foi o autor e/ou, no caso dos maiores, quando o culpado se recusa a assumir o ato e os colegas tornam-se solidários a ele. Todavia, as razões para isso são diferentes nos dois grupos:

> Para as crianças de um primeiro tipo – são em geral as mais pequenas – é preciso punir todos; não porque a solidariedade do grupo torne coletiva a responsabilidade, mas porque cada um é culpado individualmente, visto que ninguém quer denunciar o autor da falta, e fazê-lo seria um dever para com o professor. Para as crianças de um segundo tipo – geralmente os maiores – é preciso punir todos não porque seja mau, mas porque, tendo a classe decidido não denunciar o culpado, por isso mesmo, se considera solidária... (Piaget, 1994 [1932], p.183)

Sobre esse assunto, Costa (1997), por ocasião do assassinato do índio Galdino José dos Santos – queimado por cinco rapazes da classe média de Brasília, que, segundo eles, estavam fazendo uma brincadeira –, afirmou que, apesar de os jovens serem culpados pela atrocidade cometida, todos nós éramos responsáveis, uma vez que, deliberadamente ou não, contribuímos para a ocorrência dessa situação. Afinal, "se fizeram o que fizeram é porque lhes ensinaram [nós ensinamos, daí o fato de sermos todos responsáveis], na prática, e não no discurso, que um índio não é como eles, não é igual em humanidade" (*Jornal do Brasil* de 22/04/97).

Outro aspecto bastante discutido em relação à lealdade refere-se ao fato de ela ser um valor próprio das relações entre os bandidos, apesar de prezado pela maioria das pessoas e de constituir-se em condição *sine qua non* nos relacionamentos conjugais e de amizade.

Realmente, a lealdade é talvez a regra mais valorizada nas prisões. A esse propósito, o elogioso médico Drauzio Varella (1943-), num interessante relato – *Estação* Carandiru (1999) – sobre o trabalho voluntário desenvolvido por ele na Casa de Detenção de São Paulo[7], de prevenção à Aids (cuja ação acabou por ser também de clínica geral), diz que os homens não se tornam selvagens (desregrados) quando têm os seus espaços sociais de convívio diminuído. Ao contrário do que freqüentemente se imagina, eles criam novas regras ou passam a valorizar mais umas do que outras com a intenção de garantir a sobrevivência de todos. "... a perda da liberdade e a restrição do espaço físico não conduzem à barbárie, ao contrário do que muitos pensam. Em cativeiro, os homens, como os demais grandes primatas, criam novas regras de comportamento com o objetivo de preservar a integridade do grupo" (Varella, 1999, p.10).

Esse processo é regido por um "código de ética" não escrito e extremamente rigoroso. Dentre as regras tem-se, como a mais importante, a *lealdade à palavra hipotecada*. A sua inobservância é paga, em muitos casos, com a própria vida. "Pagar a dívida assumida, *nunca delatar o companheiro*, respeitar a visita alheia, não cobiçar a mulher do próximo, exercer a solidariedade e o altruísmo recíproco conferem dignidade ao homem preso. O desrespeito é punido com o desprezo social, castigo físico ou pena de morte. [Como disse um de-

---

7 A Casa de Detenção de São Paulo, inaugurada em 1956 e desativada em 2002; abrigou, na época em que Varella (1999) colheu as informações aqui apresentadas, 7.200 presos (considerada o maior presídio da América Latina).

tento] – 'No mundo do crime, *a palavra empenhada tem mais força do que um exército"* (Varela, 1999, p.10, grifos meus).

Há, ainda, certas organizações criminosas, como a máfia, cujo valor fundamental é a lealdade. Filmes como *O último chefão* e os da trilogia *O poderoso chefão* mostram que, para os seus integrantes (sobretudo para os chefes), a lealdade à família e *à palavra dada* são valores mais importantes do que quaisquer outros, inclusive à pátria.[8] Sobre isso, uma das personagens de *O último chefão* diz numa certa hora a um dos familiares: "tem trabalho a fazer [matar uma pessoa que estava contrariando os interesses da *Família*]. Encontrará *Big Tim* em Los Angeles na quinta-feira. É assunto da Família e isso é prioridade, está acima de tudo! É mais importante que transar, amar sua mãe ou o país! Entendeu?". Coloca-se, inclusive, acima da justiça. É o que se depreende da resposta dada pelo chefe a um dos membros que matou outro para vingar a morte de seu pai: "justo ou não [ter matado o assassino do pai], cometeu um crime contra a *Família* [isto é, foi infiel à regra de que tal conduta só pode ser realizada com a autorização da organização]".

Há, ainda, outra passagem em que o chefe da Família determina o assassinato de um mafioso, por ele ter sido infiel ao acordo de silenciar-se. Vê-se, nitidamente, no diálogo entre o chefe e um dos membros da Família, que essa lealdade é um valor fundamental para essa organização. "Temos que terminar o trabalho [assassinar o mafioso que capitulou]. A publicidade é o que o faz valer a pena. *É a lei da máfia. O pacto de silêncio não pode ser violado"* (grifos meus).

Como tive oportunidade de dizer em vários momentos deste estudo, a *lealdade à palavra dada*, em si mesma, não é boa nem ruim. O seu julgamento depende do conteúdo e do contexto. Dessa forma, a lealdade apresentada pelos detentos e pelos mafiosos não pode

---

8 Cabe lembrar, lamentavelmente, que nos últimos tempos têm surgido novas organizações criminosas no Brasil, como a do *Primeiro Comando da Capital*. Ela tem, como uma das etapas no ritual de ingresso, o juramento de lealdade aos seus chefes e aos preceitos defendidos pelo organismo.

ser vista *a priori* como indesejável. Muito menos deve ser vista como um *valor bandido*. Vimos que, até por Kant – considerado por vários estudiosos de filosofia e de psicologia moral o maior pensador sobre a moral –, a lealdade é um valor estimado, notadamente nas relações entre amigos e esposos.

Ela não deve ser vista, igualmente, como um valor puramente afetivo ou restrito aos interesses de grupelhos. Ser leal à pátria é um valor extremamente importante e necessário para a existência de um povo e a construção de uma identidade nacional. Certamente cabe assinalar que acima dessa lealdade à pátria está a lealdade à própria humanidade; isso compreende, é óbvio, também a preservação da natureza.

De qualquer forma, uma coisa é certa: assim como não se pode desprezar a força da *lealdade à palavra empenhada* entre escolares, principalmente a de silêncio, sobretudo se se demanda o desenvolvimento de um trabalho educativo de formação ética, não se pode tampouco rejeitá-la no de reeducação e de ressocialização de menores infratores e de detentos. Como um preso confidenciou a Varella (1999) – quando esse descobriu que o *Biotônico Fontoura* receitado por ele para os presos, queixosos de fraqueza, era misturado com a *maria-louca* (nome dado à pinga destilada clandestinamente): "– Doutor, o senhor ajuda nós e nós agimos legal com o senhor. Pode confiar, mas não conta com a gente para entregar os companheiros" (p.94).

É interessante observar, ainda, que uma das condições para a admissão do preso como "encarregado" na prisão é exatamente não ter *delatado companheiro* e cumprir os acordos estabelecidos, pois *compromisso assumido é compromisso cumprido*.[9] A delação é consi-

---

9 "Encarregado" é a maneira como certos detentos escolhidos pelos próprios presos são chamados na cadeia. Por gozarem de prestígio e respeito, eles são responsáveis pela distribuição da alimentação e pela faxina geral. Na prática, a função deles é a de também mediar os conflitos entre os detentos, determinar as penas, quando elas devem ser aplicadas e levar as reivindicações dos presos ao diretor da instituição correcional.

derada um comportamento tão condenável que "a lei diz que é melhor pagar por crime alheio do que delatar o companheiro. Ao acusado é permitido protestar inocência; dar o nome do responsável, jamais" (Varella, 1999, p.152).

O leitor pode mostrar-se contrariado com a nossa argumentação de que se trata, nesses casos, de *lealdade à palavra dada*. O argumento é o de que se trataria, muito mais, de uma ação guiada por medo das conseqüências negativas, caso certas leis não sejam cumpridas. Acredito que esse elemento de medo, com certeza, deve comparecer e ser considerado, sobretudo se atentarmos para aqueles que são obrigados a assumir a culpa por crimes não cometidos, os apelidados de *laranjas*. Todavia, há na cadeia os que voluntariamente e de maneira solidária assumem a culpa por crimes cometidos pelos colegas. São os considerados *sangue-bom*. Com essa conduta, fica, a meu ver, evidente que se eles ficam em silêncio não é por medo das conseqüências, mas por lealdade, voluntariamente aceita e prezada: "– O laranja assume em troca de vantagem imediata, é toma lá, dá cá. O sangue-bom ajuda o companheiro sem saber se um dia vai ser recompensado; merece nosso respeito porque *é um altruísta*" (Varella, 1999, p.154, grifos meus).

...

Além desse aspecto formativo, cabe dizer que a moralidade tem sido tradicionalmente objeto de estudo principalmente de antropólogos, filósofos, historiadores e sociólogos. As pesquisas se concentram, em sua maioria, na análise do comportamento desviante, por meio do estudo das *patologias sociais*, dos grupos (por exemplo, de homossexuais, considerados excepcionais e loucos) e dos credos religiosos minoritários (a umbanda); no estabelecimento de roteiros sobre maneiras de agir moralmente bem; na comparação de nossa cultura com a que existiu em outros momentos históricos, objetivando a busca das razões que levaram a essa crise, sobretudo na esfera moral e ética, e na análise dos reflexos do capitalismo globalizado no que se convencionou chamar de *mal-estar da cultura*.

Ao lado deles, acredito que estudos explicativos da moralidade humana podem contribuir para o entendimento desse fenômeno, pois, como escreve La Taille (1994), *não basta que a Sociologia explique a guerra; é também preciso explicar o guerreiro* (p.20, grifos meus). A elaboração de estudos psicológicos sobre aspectos da moralidade possibilitará, então, a construção de uma concepção moral articulada à realidade. Dessa maneira, a proposição de uma filosofia moral – indicadora do *reto agir* entre os brasileiros – não pode prescindir da influência da *lealdade à palavra dada* (como o de silenciar-se diante de qualquer acontecimento). Caso contrário, a sociedade em que se pretende viver estará condenada, para uma parcela da população, a não se concretizar. "... de nada serve uma concepção moral totalmente contraditória com as motivações básicas dos seres humanos. Estudar o homem real (contextualizado numa cultura) pode oferecer dados que orientem a elaboração de uma ética para que esta, por mais bonita que seja, não fique condenada a ser 'letra morta' e a não atingir o objetivo que lhe dá razão de ser: alguma forma de felicidade e harmonia para os seres humanos" (La Taille, 1998a, p.8).

Não estou pretendendo, com isso, afirmar que uma filosofia moral – norteadora das condutas do povo brasileiro – deva ter, entre os seus princípios, valores como o de *lealdade à palavra dada* de silenciar-se, independentemente do ocorrido. Por mais que seja um valor estimado por uma parcela significativa da população, ele não garante *alguma forma de felicidade* – a não ser à custa do contentamento de outros indivíduos – tampouco *a harmonia aos seres humanos*, pois a mencionada lealdade pode exatamente atentar contra a tão esperada e sonhada paz entre os homens.

Estou apenas procurando salientar que qualquer projeto dessa natureza, com condições plausíveis de se efetivar, deve partir das demandas desse povo; no presente caso, a importância que o valor *lealdade à palavra* tem para as pessoas. De nada adianta desconhecer tais motivações, ignorá-las e/ou avaliá-las como contrárias aos objetivos que, com elas, o povo pretende alcançar.

Sabe-se, por exemplo, que a conduta, apresentada pela maioria das pessoas das camadas populares, de não denunciar os autores que cometeram um crime considerado moral e legalmente condenável é equivocada. Ao não denunciarem, seja por crerem que não sofrerão prováveis conseqüências negativas e/ou por lealdade aos seus autores, os cidadãos acabam imaginando que estarão garantindo alguma forma de felicidade, pelo menos, para si e para os seus entes queridos.

Cabe acrescentar que esse comportamento de silêncio é aparentemente corriqueiro nas favelas, pois freqüentemente os traficantes assumem o papel do Estado na assistência aos seus moradores e acabam, em contrapartida, exigindo como pagamento, ou tendo voluntariamente, a gratidão e a lealdade.

Julgo, contudo, tal raciocínio ilusório. Ao agir dessa maneira – isto é, não delatando o autor da ação imoral –, eles não garantem o que acreditam ter conquistado (felicidade e harmonia), pois, ao serem fiéis a tais infratores, impedem que os outros também alcancem tais objetivos, além de colocarem valores privados acima dos efetivamente consoantes com a harmonia e com alguma forma de felicidade (por exemplo, a justiça e a generosidade).

Esse raciocínio demonstra de maneira inequívoca – como já me referi em outro momento deste ensaio – que as nossas condutas são, na maioria das vezes, determinadas por nossa identidade que, por sua vez, é influenciada sobremaneira pelos *olhares* e *juízos alheios*.

Como dissertei, a identidade *é um conjunto de representações de si* assimiladas como valores. Em razão disso, as pessoas buscam identificar-se com aspectos julgados positivos pela sociedade e que podem torná-las dignas. É por isso que constantemente elas fazem comparações entre o modo como agem e o modo como os outros gostariam que elas agissem.

Assim, ser leal à palavra de silenciar-se, por exemplo, é mais do que uma questão de "gosto" (interesse afetivo)[10], do tipo: *quero ser*

---

10 Segundo Piaget (1973 [1964]), "em todos os níveis, a ação supõe sempre um interesse que a desencadeia, podendo se tratar de uma necessidade fisiológica, afetiva ou intelectual (p.12). [Assim,] uma necessidade é sempre a manifestação de um desequilíbrio (p.14) [e] os interesses de uma criança dependem, por-

leal!. Com tal comportamento, o indivíduo pretende, na verdade, continuar a ser reconhecido socialmente e, igualmente, ocupar lugar de destaque nas relações sociais estabelecidas. Em outras palavras, como já escrevi em relação às idéias de Taylor (1997 [1989]), o indivíduo age dessa maneira como forma de continuar a ser objeto de consideração, isto é, merecedor de dignidade (segundo ele, um dos principais eixos determinantes das condutas morais). Por isso, ele pode até julgar que a lealdade a esse tipo de acordo, ou mesmo ela como valor em si, não é uma conduta excelente do ponto de vista moral ou que deva ser praticada. A necessidade de prestígio ou a pressão social acaba, contudo, por "convencê-lo" da importância de ser leal ao acordo prezado pelos grupos sociais de que faz parte, mesmo quando o conteúdo de tais acordos é condenável moralmente. Afinal, executar tal regra é defender um valor importante, para ele e para o grupo. Como ser alguém (*ter* valor) é dependente do juízo alheio, então, tem-se com essa defesa, para ele, a garantia da própria existência.

Assim, não se pode deixar de salientar que os olhares de outrem são fundamentais para a construção da nossa dignidade, mesmo se eles não forem absolutos e se os indivíduos forem passivos diante da influência desses olhares, ou seja, meramente receptáculos da influência de outras pessoas; portanto, sem os *filtros* capazes de avaliar os juízos emitidos por elas.

> Embora não sejam causa exclusiva da construção das representações de si, os olhares e juízos alheios desempenham um papel fundamental. Uma vez que participam, com outros fatores, da construção dos valores associados às representações de si, tais juízos não encontram uma "página em branco" sobre a qual escrevem e impõem, sem mais, suas aprovações e censuras. Antes, *trata-se de um embate entre as imagens que o indivíduo tem de si e olhares judicativos alheios*. (La Taille, 2000, p.41, grifos meus)

---

tanto, a cada momento do conjunto de suas noções adquiridas e de suas disposições afetivas, já que estas tendem a completá-los em sentido de melhor equilíbrio" (p.15).

Isso posto, fica evidente que a construção do *eu* é dependente da elaboração do *outro*. É exatamente o reconhecimento do outro que permitirá saber acerca da própria existência. Assim, o ser humano só passa a existir como um ser civilizado à medida que se diferencia do outro e, em conseqüência, toma ciência da sua presença. Se não fosse dessa maneira, jamais conseguiríamos construir a idéia de quem nós somos.

...

É bom informar, todavia, que os juízos alheios não são os únicos determinantes da nossa identidade. Segundo La Taille (2000), concorrem para isso, também, a imitação da conduta e do pensamento de outras pessoas (os modelos), os sucessos e os fracassos obtidos quando da consecução de determinada atividade e da avaliação das expectativas criadas pela pessoa sobre si, mesmo que os demais indivíduos valorizem ou continuem a elogiar suas ações.

> Embora os juízos de outrem têm grande importância, eles convivem com outros fatores... No sentido de superar seu natural sentimento de inferioridade, a criança procura inspirar-se em pessoas por ela consideradas exemplares. Neste caso, vê-se que não trata do juízo que estas pessoas fazem dela, mas sim da procura de imitação de suas condutas e pensamentos. Outro fator a ser levado em conta na construção das representações de si e na busca de auto-valorização são os sucessos e fracassos objetivamente constatados pela criança... Finalmente, é preciso destacar as avaliações que a criança (e o adulto) faz de si própria em função de *expectativas criadas por ela mesma*. Os sucessos obtidos podem se transformar em 'dívidas' da criança em relação a si própria, portanto numa espécie de nível a partir do qual vai julgar-se. Se uma nova ação não atingir este nível ou até um nível superior, a criança poderá ter um sentimento de inferioridade, *mesmo que outras pessoas valorizem seu ato*. (La Taille, 2000, p.39-40, grifos do autor)

Desse modo, é possível que as pessoas sejam fiéis por outros aspectos – e não só com a finalidade de evitar *decair aos olhos dos outros*.

Elas agiriam assim porque a) estariam reproduzindo as condutas e os pensamentos de pessoas estimadas por elas (por exemplo, dos pais); b) evitariam possíveis conseqüências negativas, como a de ser desprezadas pelos amigos; c) teriam ganhos consideráveis (por exemplo, ser digno de apreço pelo irmão), já que em outras ocasiões a concretização de condutas semelhantes tivera, respectivamente, resultados negativos e positivos e/ou d) procurariam aumentar ou fortalecer o seu compromisso com os membros do grupo de colegas (visto por elas como aquém do desejado, apesar de os partícipes da supracitada horda avaliarem a participação de tais indivíduos de maneira extremamente positiva).

...

Outra objeção, passível de ser tecida pelo leitor, refere-se ao fato de se julgar como inexpressivo o porcentual de sujeitos que são leais à palavra, para poder se constituir em objeto de reflexão. Se considerarmos, contudo, que a *lealdade à palavra empenhada* de não delatar é colocada à prova diante de situações extremamente condenáveis moral e legalmente – por exemplo, encobrir um roubo ou uma mentira e não dar dinheiro a um colega faminto para comprar alimento – e, mesmo assim, uma parcela da população[11] mostra-se inclinada, por exemplo, a permanecer *leal à palavra dada* de silenciar-se, então, avalio que tal valor é digno de atenção.

Diria mais ainda: é igualmente merecedor de preocupação, como apontei em vários momentos deste ensaio, o apego a esse valor – *lealdade à palavra* dada – pois me leva a pensar sobre o ponto perigoso a que chegamos ou estamos chegando de desconsideração dos valores morais, que tem por finalidade a promoção da harmonia social e de excessiva valorização dos valores privados (busca da harmonia

---

11 Cerca de 25%, no caso do furto e no da mentira, e 15%, no da generosidade, como apontou os resultados obtidos por mim em estudo empírico sobre a influência desse valor nos julgamentos de escolares de seis, nove e de doze anos de idade (Silva, 2002).

individual, sem qualquer consideração pela social) e dos ligados à glória (não-morais).

Esclareço que a lealdade é vista, por mim, como valor privado. Ela é uma "regra" necessária ao campo das relações interpessoais, como as de amizade e/ou conjugais. Logo, a *lealdade à palavra* de não dizer nada um do outro a ninguém não pode ser vista como algo pernicioso. Ela só deve ser presa desse olhar, a meu ver, se estiver assumindo o lugar da moral e, em conseqüência, atentando contra valores necessários à existência da sociedade (públicos).

Cabe acrescentar que desconheço estudos que tenham abordado cientificamente, e numa perspectiva moral, os valores ligados à glória (como a beleza), apesar de eles estarem cada vez mais regulando as relações sociais.

No campo da literatura, todavia, a influência de valores ligados à glória é bastante tematizada como exercendo a função dos morais. Dentre inúmeras obras, há uma que consideramos emblemática. Refiro-me ao belíssimo, e, ao mesmo tempo, chocante, romance escrito pelo dramaturgo e poeta irlandês Oscar Wilde (1854-1900), *O retrato de Dorian Gray* (1999 [1890]). Ele disserta sobre a feiúra por intermédio da personagem Basil Hallward (pintor do retrato de Dorian):

> em toda superioridade física ou intelectual, há uma fatalidade, a fatalidade que parece seguir, através da história, os passos incertos dos reis. É preferível não sermos diferentes do nosso próximo. O feio, o tolo têm neste mundo a melhor sorte. Se não chegam a provar o gosto da vitória; pelo menos lhes é poupado o ranço das derrotas. Vivem como nós todos deveríamos viver: sossegados, indiferentes, sem preocupações. Não causam a desgraça alheia nem são desgraçados por alheias mãos... (Wilde, 1999 [1890], p.17)

Ainda a propósito da beleza e de sua influência social, a personagem lorde Henry diz a Dorian Gray:

> a beleza é uma forma de gênio... mais elevada até do que o gênio, pois dispensa explicação. Faz parte dos grandes fatos do universo, como a

luz do sol, ou a primavera, ou o reflexo, nas águas escuras, dessa concha de prata a que chamamos lua. A beleza não sofre contestação. Tem o direito divino da soberania. Torna príncipes os que a têm... Diz-se por vezes que a beleza é apenas superficial. Talvez seja. Mas, pelo menos, não é superficial como o pensamento. Para mim, a beleza é a maravilha das maravilhas. *Só os espíritos fúteis não julgam pelas aparências*. O verdadeiro mistério do mundo é o visível e não o invisível... (Wilde, 1999 [1890], p.31, grifos meus)

Ainda sobre esse assunto, alguns interlocutores chegam a considerar positivo que ainda prevalecem na sociedade – ao menos no plano do julgamento – a *ética do dever* (ser honesto e verdadeiro) e a da *moral* (ser generoso).

Infelizmente não compartilho de tal otimismo (pelo menos, não absolutamente).

O meu pessimismo, ou melhor, a minha precaução com relação a esse tipo de conclusão assenta-se, primeiramente, no fato de desconfiar que a opção por valores ligados à ética do dever e da moral é muito mais irrefletida, produto de uma moral heterônoma. Assim, tal escolha não indicaria maior desenvolvimento moral (tendência à autonomia), mas apenas o atestado de que as pessoas estão agindo guiadas pela moral heterônoma (adiante, tecerei considerações a esse respeito).

Em segundo lugar, acredito que a adesão a valores privados e ligados à glória está aumentando, em prejuízo dos favoráveis aos valores públicos (ligados ao dever e à moral). Assim, a prevalência dos valores morais – caso seja verdadeira, mais do que mostrar a "vitória" de valores públicos sobre os privados – está revelando que os primeiros estão, num ritmo acelerado, sendo corroídos pelos segundos.[12]

Fundamento tal precaução no fato de que, como apontei, estamos vivendo uma crise de valores, sobretudo no tocante à desconsideração

---

12 Estou tomando como sinônimos, cabe relembrar, os valores públicos como compreendendo os morais e os privados como os afetivos.

das excelências morais e éticas (Costa, 1989, La Taille, 1998a). Embora publicado em 1988, o que poderia levar alguns leitores a considerarem a reflexão ultrapassada, o jornal *Leia* – revista que até recentemente editava mensalmente resenha de livros e reflexões tecidas por prestigiados pensadores da "cultura brasileira" acerca de temas da atualidade – trouxe matéria sobre o *mal-estar da cultura*. Entre as análises feitas, há uma em que a pensadora frankfurtiana Olgária Mattos, professora de filosofia da USP (SP), faz o seguinte diagnóstico: "todo mundo no Brasil se sente exterior ao que está acontecendo. Há um sentimento de dissolução. Essa é a atitude que se tem para uma situação de trauma. E houve um profundo trauma aí, com a política, com a Nova República, a frustração da esperança e dos desejos de toda uma sociedade" (*Leia*, 1988, p.20).

Diante disso, ela então manifesta certo ceticismo quanto à possibilidade de mudança do quadro social instituído. Tomando de empréstimo o conceito de "perda da experiência" elaborado por Walter Benjamin – também pensador da *Escola de Frankfurt* –, diz a professora, em tom de preocupação e de alerta: "não há condições de se alimentar a experiência num quadro desses. O trauma tira toda a familiaridade, toda a possibilidade de elaborar cultural e socialmente as experiências" (*Leia*, 1988, p.20).

Esse movimento não é produto somente de fatores conjunturais, como os ligados à situação econômica (desemprego e perda do poder aquisitivo), e à política (corrupção, *clientelismo* e *fisiologismo*) e a um desencanto em relação aos poderes da democracia na promoção da justiça social. Como assinalei no início destas considerações, esse movimento de crise dos valores morais e éticos está ligado à imposição e ao culto de uma certa cultura que incita o individualismo e o hedonismo; processo este reforçado cotidiana e incansavelmente pelos meios de comunicação de massa.

...

Além desses aspectos, Rouanet (1987), filósofo igualmente ligado à *Escola de Frankfurt*, credita essa crise a um movimento de desqualificação da teoria e de valorização da prática em si mesma (análise com a qual estou inteiramente de acordo). Tal processo iniciou-se, segundo o referido pensador, com a contracultura americana nos anos 70, que pretendia inventar a) nova forma de viver; b) a popularização, nos meios acadêmicos, de certas tendências do pensamento europeu derivadas de aforismos construídos pelo filósofo niilista Friedrich Nietzsche (1844-1900) – principalmente, as formuladas por Deleuze & Guattari, 1972, e Foucault, 1979 –, que concebe a razão como o principal instrumento da repressão; e c) a desconfiança dos operários europeus em relação aos intelectuais no poder.[13]

Porém, ele sublinha que, apesar de tais causas, esse movimento de valorização de certo pragmatismo[14] – um dos grandes responsáveis pela atual crise de valores morais – no Brasil é, principalmente, resultado da política educacional implantada pela ditadura militar a partir de 1968. Ao retirar ou ter dado menos importância nos currículos escolares às disciplinas ligadas às Humanidades, essa política fez com que, na raiz de nossa contracultura, estivesse uma espécie de incultura engendrada politicamente. Assim, os jovens de hoje se entregam à prática cega e rejeitam a teoria por desconhecê-la, diferentemente de inúmeros adolescentes de outros países que provavelmente a fazem ou a fizeram por motivos filosóficos. "Os jovens não contestam a razão em nome de Nietszche ou de Bergson, como fizeram os irracionalistas europeus do período de entre-guerras, pelo excelente motivo de que ninguém lhes ensinou que esses autores existem. Os egressos desse sistema educacional deficitário transformam, simplesmente, seu não-saber em norma de vida e em modelo de uma nova forma de organização das relações humanas" (Rouanet, 1987, p.125).

---

13 Desconfiança perfeitamente justificável se considerar a postura da maioria dos intelectuais quando assumem o poder de Estado.
14 Obviamente, não estou me referindo a uma opção consciente pela doutrina do pragmatismo defendida, entre outros, pelo filósofo e educador norte americano John Dewey (1859-1952). Na verdade, a defesa feita do utilitarismo no campo da moral é mais, como mostrarei a seguir, produto do ceticismo e da incultura do que de um posicionamento teórico.

Como conseqüência dessa situação, observam-se manifestações que procuram superar qualquer quadro, à primeira vista, de autoritarismo, colonialismo ou elitismo. Por falta de conhecimento, ou até mesmo deliberadamente, os críticos acabam, ao adotarem uma atitude xenófoba, analisando e enfrentando tais aspectos de maneira equivocada.

Determinados personagens ou partidos políticos, por exemplo, rejeitam qualquer tentativa de teorização de suas práticas, por receio de que os intelectuais assumam o controle dos movimentos sociais. Ao agirem dessa forma, tais movimentos são condenados a um puro *ativismo*, fazendo com que facilmente sejam apropriados pela ordem social dominante. "Renunciando à teoria, a atitude *antiautoritária* perde sua bússola e condena-se à prática cega, ao ensaio e erro, e à ação política pontual, que não poderá levar à vitória" (p.127).

Aliado a isso, Rouanet (1987) nota a existência, de um lado, de uma postura de rejeição a qualquer cultura produzida no exterior (a denominada estrangeira) e, de outro, de valorização da cultura nacional, mesmo sendo a de massas. As pessoas, ao agirem dessa forma, acabam por desqualificar a cultura universal (erudita) que, independentemente do lugar onde tenha sido produzida, objetiva a superação da alienação a que os homens estão submetidos.

A inteligência não tem pátria, mas a debilidade mental deveria ter: é ela, e não a inteligência, que deve ser considerada estrangeira, mesmo que suas credenciais de brasilidade sejam indiscutíveis. Americana ou brasileira, a cultura de massas funciona como *kitsch*, como lixo, como narcótico, do mesmo modo que a alta cultura, nacional ou estrangeira, funciona como fermento crítico, como fator de reflexão, como instrumento de autotransformação e transformação do mundo. (Rouanet, 1987, p.128)

Esse quadro é igualmente verificado em relação à teoria. Determinados pesquisadores brasileiros rejeitam o emprego de qualquer referencial teórico, pois imaginam que qualquer tentativa de análise, feita conforme as categorias interpretativas desses paradigmas, impossibilita um conhecimento mais exato e verdadeiro da realidade. Outros até admitem o uso de teorias como instrumento de leitura do nosso meio social, desde que tenham sido produzidas internamente. Para Rouanet (1987), novamente o problema é colocado de maneira inadequada, pois o *nó* não está na nacionalidade dos proponentes das teorias. Ao contrário, os referenciais teóricos, quando adaptados à nossa realidade, podem servir tanto para a manutenção quanto para a transformação do estado de coisas vigente, pouco importando, assim, o lugar onde nasceu o seu formulador. Em relação à verdade, o filósofo Karl Popper (1902-1994), na obra *A lógica da pesquisa científica* (1975 [1935]), afirma que ela nada mais é do que uma hipótese aceita como plausível pela comunidade científica, num determinado momento histórico, pois responde satisfatoriamente às problemáticas produzidas pelo meio social. Logo, o conhecimento não é um conjunto de verdades, mas essencialmente conjeturas dependentes de olhares, *a priori* datados.

> Ora, a verdade não é nem um objeto visível a olho nu nem uma essência a ser destilada do objeto; ela é algo de parcialmente construído, a partir de certas categorias de análise, que variam conforme o interesse cognitivo do observador: quem quer transformar a realidade, verá coisas que jamais serão vistas por quem quer conservá-la. Sempre que necessário, essas categorias têm de ser adaptadas às circunstâncias específicas que queremos estudar, mas, no fundamental, importa pouco se as teorias são ou não nacionais: se elas forem nacionais *e* conservadoras, darão acesso a um Brasil com palmeiras, mas sem luta de classes; se forem estrangeiras mas críticas, darão acesso a um Brasil de contradições e, portanto, como algo a ser transformado, o que não impede que os buritis continuem ondeando ao vento. (Rouanet, 1987, p.127-8, grifo do autor)

Apesar disso, é com tais posicionamentos que referenciais teóricos são desqualificados quanto a sua validade universal, como o piagetiano. Por ter sido elaborado em Genebra, alguns "pesquisadores" argumentam que ele não serviria para a análise do desenvolvimento psicogenético das crianças brasileiras. Felizmente, esse posicionamento foi, a meu ver, satisfatoriamente rejeitado pelo estudo desenvolvido por Freitag (1984) sobre *a constituição de estruturas formais de consciência de crianças em idade escolar*, no contexto brasileiro, por meio da análise da sua competência lingüística, moral e lógica.

Rouanet (1987) denuncia, ainda como conseqüência desse movimento de *auratização* da prática, uma certa tendência de aversão à cultura superior, tachando-a de elitista e, em contrapartida, de valorização da cultura de massas. Essa atitude *antielitista* leva, em decorrência, à desvalorização da norma culta e à idealização da "linguagem popular". Porém, os defensores dessa premissa esquecem, não sabem ou discordam que só a cultura erudita é capaz de mudar o quadro social instituído.

É óbvio que quem domina o código culto tem uma capacidade incomparavelmente maior de expressar-se, de compreender seu próprio contexto e contextos alternativos, de relativizar certezas, de compreender o ponto de vista do outro e refutá-lo, de manipular variáveis, de argumentar e contra-argumentar. *Ter acesso a esse código é uma condição necessária, embora obviamente não suficiente, para que o indivíduo possa pensar, agir, participar, como ser humano e como cidadão.* (Rouanet, 1987, p.136, grifos meus)

É importante salientar: tais indivíduos têm a capacidade para agir de maneira a ter a vida como um fim em si mesmo. Isso não significa dizer que eles agirão dessa forma. Os intelectuais que estão na universidade – pelo menos, a quase totalidade dos que conheço – estão aí para provar que a razão pode ser utilizada apenas como meio para a veiculação de ressentimentos e para servir como instrumento de poder e de aquisição de poder político-partidário.

Dessa forma, tais defensores da cultura de massa "se esquecem" que o problema não está na cultura superior e tampouco na popular, mas na abrigada por eles. Como diz Rouanet, a *cultura erudita* e a *popular* fazem parte de uma totalidade dividida, que precisaria ser recomposta. Enquanto isso não ocorre, ele considera que o mais apropriado é o combate sem tréguas à de massa e a preservação da autonomia das outras duas – já que a popular revela as injustiças sofridas pelo povo e a superior (erudita), os caminhos para a sua superação.

Em síntese, o pensador considera que essa situação vivida atualmente é produto da desvalorização da razão (do pensamento operatório), visto como inimigo da vida. Para ele, torna-se necessário, então, a substituição do *a priori* da anti-razão pelo da razão, pois "os fatos sociais só mudam com outros fatos sociais, e o irracionalismo brasileiro é hoje um fato social. Mas a razão, convertida em força histórica, pode criar um fato social oposto, fazendo recuar a onda irracionalista que ameaça submergir o país" (p.146).

Enquanto isso não acontece, ou ocorre de maneira paulatina, continuamos a ver que parcela significativa da opinião pública mostra-se cada vez mais estarrecida e, em conseqüência, levada a apresentar posicionamento de ceticismo quanto à possibilidade de transformação do quadro social em voga. Vêem como única alternativa cuidar dos interesses privados e deixar de lado os que visam à garantia do bem-comum. O raciocínio empregado é o de que não há mais jeito mesmo, pois *as coisas, ao invés de melhorarem, estão piorando*, sobretudo pelo aumento da corrupção e da consideração de valores ligados à glória no lugar de valores morais.

Informamos que o fato de criticar o lugar que os valores ligados à glória estão ocupando, em substituição aos morais, não significa a desconsideração de sua importância. Tais valores são dignos de apreço, pois demandar e valorizar a ascensão social e financeira, a beleza e a força física não são, em si, atitudes questionáveis ou desmerecedoras de crédito. O problema está no fato de esses valores ocuparem ou terem um papel de supremacia sobre os morais, além de ser buscados a qualquer preço. A esse respeito, a jornalista Aida Veiga – ao comentar pesquisa promovida pela *Cartoon Network* (canal de TV a cabo destinado ao público infantil) sobre as aspirações das crianças – diz que elas desejam as mesmas coisas que desejávamos na nossa infância: *ir bem na escola sem precisar se esforçar muito, ter amigos e ser querido e admirado por eles e ser atraente para garantir eternamente o amor dos pais*. Segundo a profissional, hoje o que mudou foi a maneira utilizada, por elas, para conseguir atingir tais objetivos.

Para o futuro, as crianças entrevistadas disseram almejar um bom emprego, casamento, filhos, casa própria e carro, tudo igualzinho a seus pais. Só que ninguém pensa em conseguir isso sendo médico, engenheiro ou funcionário público. O sonho dos baixinhos é fazer sucesso em profissões que tragam fama e dinheiro, como jogador de futebol, modelo e artista [provavelmente, dançarina de algum grupo de música, próprio da cultura de massa]. A vida, espera-se, vai convencê-los de que, infelizmente (ou felizmente), não há vaga para tanta celebridade. (Revista semanal de notícias *Veja*, 16 de maio de 2001)

Não se pode deixar de assinalar, igualmente, que parece estar em curso um novo regime político: a *videocracia*. Diferentemente da democracia – em que o poder se baseia na soberania popular e na distribuição equivalente do poder –, essa nova "doutrina" legitima-se nos índices de audiência e nas pesquisas de opinião pública. Funciona fundamentalmente por meio da veiculação de imagens, na forma de espetáculo, e é capaz de transformar a gestão do bem-comum num mero *show* de imagem e som.

Contudo, cabe esclarecer que, se por um lado a maioria da população está assumindo ou, infelizmente, apresenta postura de pessimismo em relação ao cenário atual e, em conseqüência, elegeu a dimensão privada ou os valores ligados à glória como os únicos caminhos, não é menos verdadeiro, ainda, a existência de uma parcela esperançosa na transformação do instituído. Tais indivíduos, diante de acontecimentos dessa natureza, mostram-se indignados e exigem ética na política. Observo, assim, que hoje o eixo de avaliação das condutas das pessoas – notadamente dos homens públicos – mudou, do *ser de esquerda* e/ou *de direita* para o *ser ético* ou *imoral*.

Exemplifico tal consideração com os discursos e as manifestações de pesar feitas ao ex-governador de São Paulo Mário Covas (1930-2001), por ocasião de seu falecimento em 2001. As pessoas praticamente não se referiram ao fato de ele ter sido cassado pela ditadura militar e/ou por suas obras na qualidade de governante, mas ao fato de ter tido, ao longo de sua vida política, postura impoluta. É digno de nota o fato de a *conduta ética* ser vista, nesse contexto, como qualidade, quando na verdade deveria ser condição essencial para o exercício da vida pública.

Essa fé na transformação do *status quo* vigente pode ser exemplificada, ainda, com a crescente produção de trabalhos científicos e de ensaios produzidos, nos últimos anos, sobre a psicologia da moralidade humana, inclusive este, do qual estou tecendo as derradeiras considerações. Só para dar uma medida desse aumento, segundo levantamento feito por mim em 2001 na base de dados eletrônica *Dedalus* da USP, dos 127 estudos desenvolvidos (dissertações e/ou teses) nessa instituição desde a década de 70 (séc. XX) – que tiveram a moral como tema principal ou secundário –, mais de 85% deles foram elaborados na década de 90. É incontestável que tal aumento pode ser atribuído a fatores intrínsecos aos Programas de Pós-Graduação, como, por exemplo, a contratação de orientadores afeitos ao tema da moralidade humana. Todavia, acredito que tal aspecto é, muito mais, um reflexo da atual crise de valores morais e éticos.

Parto da suposição de que as condições históricas influenciam a produção de determinado conhecimento. Por exemplo, é incontestável a genialidade de Freud. Todavia, se não tivesse sido ele o produtor de conhecimentos fundamentais acerca do aparelho psíquico, outro gênio ou mesmo grupo de cientistas o teria produzido. Tese semelhante pode ser atribuída a Piaget. Se o pesquisador da inteligência não tivesse demonstrado o fato de as crianças terem lógica de funcionamento mental qualitativamente diferente da do adulto, outros estudiosos provavelmente o teriam feito.

Assim, a crescente produção de estudos relacionados a essa temática tem a ver com o fato de a população estar espantada com o aumento da ocorrência de tal fenômeno e, em conseqüência, os pesquisadores passam a agir, em relação à moralidade humana, de maneira semelhante à de crianças nos seus primeiros anos de vida: "desmontando-a" para compreendê-la melhor e, dessa forma, contribuir para a superação desse momento vivido por todos. É esse o raciocínio que se depreende quando se observa que a cada ano tem aumentado (a meu ver, de maneira significativa) o número de estudos produzidos sobre a moral. Por exemplo, dos 110 estudos produzidos somente na década de 90 (séc. XX), cerca de 12% deles foram feitos em 1998, 16% em 1999 e 23% em 2000. Concomitantemente a essa produção, observo também um aumento significativo de matérias jornalísticas publicadas nos noticiários escritos e/ou apresentadas nos televisivos, principalmente sobre uma das conseqüências mais daninhas dessa crise – a falta de limites das crianças – e o meio para superá-la. Só para dar uma idéia do aumento ocorrido, a revista semanal de notícias *Veja* publicou, no período de 1998 a maio de 2001, cerca de setenta matérias relacionadas à crise na educação brasileira e seus efeitos (sobretudo, a evasão e a violência nas escolas). Dessas, mais de 30% diziam respeito à preocupação com a falta de limites de crianças e de adolescentes, os meios e a urgência ao menos para diminuí-la.

Sobre esse assunto, cabe esclarecer que são inúmeras as causas determinantes da ausência de limites das crianças.

Uma delas está, sem dúvida, relacionada à crise de valores vivida atualmente por nós, sobretudo de valores morais e éticos. Esse estado de dúvidas e de incertezas levou à seguinte conseqüência: a banalização da vida. Ela se tornou, hoje, sem importância ou válida apenas a das pessoas mais próximas. Assim, o limite básico, que era o respeito à vida, não se coloca mais como necessário, com o aumento de respostas violentas diante de situações de humilhação vividas cotidianamente, o desconhecimento ou a desvalorização de limites éticos (como justiça, honestidade, humildade e generosidade) e, em seu lugar, a valorização de limites da glória (beleza, *status* financeiro e social).

Tal crise foi determinada, em grande parte, por uma leitura equivocada do movimento cultural ocorrido no fim da década de 60, nos países ocidentais, e que ficou conhecido como *contracultura americana*. A partir do festival de *Woodstock* e da experiência das comunas, um grande contingente de jovens passou a criticar todos os valores apregoados pela tradição e a lutar pela sua substituição por outros mais afeitos ao ideário de *paz & amor* (numa época marcada pela *guerra fria* entre os Estados Unidos e a extinta União Soviética, fenômeno que, além de levar à produção de guerras localizadas – como a do Vietnã –, impunha aos países do terceiro mundo forte controle cultural, político e econômico). Acontece que a maioria da população acabou entendendo tal proposta como sinônimo de destruição de tudo aquilo que pudesse significar a presença de limites e, em seu lugar, o levantamento da bandeira de luta da *ausência de valores*. Os defensores desse engano passaram, então, a dizer que a não colocação de limites seria extremamente benéfica na educação das crianças, pois – sendo eles os causadores das angústias e das neuroses – não se produziria, assim, filhos tristes e neuróticos (*doentes dos nervos*). Acontece que, como Freud – um dos principais críticos da civilização como elemento de produção excessiva da angústia e da neurose – afirmou, a partir do aprofundamento da pesquisa em psicanálise, a ausência de restrições (limites) pode levar à produção de selvagens, ao invés de indivíduos saudáveis.[15] Diz ele sobre o papel da educação:

> Vamos deixar claro para nós mesmos qual a tarefa mais imediata da Educação. A criança deve aprender a dominar seus instintos. É impossível lhe dar liberdade para seguir sem restrições seus impulsos. Seria uma experiência muito instrutiva para os psicólogos de crianças, mas os pais não poderiam viver, e as crianças mesmas teriam grande prejuízo, de imediato e com o passar do tempo. Logo, a Educação tem que inibir, proibir, reprimir, e assim fez em todos os tempos. (Freud, 1973 [1909])[16]

---

15 Aqui cabe dizer que Freud, realmente, no início de seus trabalhos, chegou a acreditar que a civilização – na época de intensa repressão sexual – seria a causadora das neuroses. Mais tarde, entretanto, ele próprio dirá que, no interior do aparelho psíquico, há uma força – conceituada, por ele, de pulsão de morte – agindo com a finalidade de contrariar a concretização dos "interesses" do princípio do prazer e o da realidade, cujo fim, em última análise, acaba levando à produção da neurose. Ver a esse respeito o texto de Freud "Além do princípio do prazer", 1973 [1920], v.3.
16 Essa citação, extraída das *Conferências introdutórias sobre a Psicanálise*, ministradas por Freud nos Estados Unidos, foi tomada de empréstimo do excelente

Essa crise foi determinada, igualmente, pelo movimento migratório ocorrido no país. Quando os indivíduos moravam no campo, tinham uma maneira de viver extremamente ritualizada, baseada na observância dos valores transmitidos pelas gerações anteriores. Dessa forma, nenhum pai, por exemplo, questionava-se acerca do modo como ele deveria educar os seus filhos, isto é, quais deveres caberiam a ele impor-lhes e quais punições deveriam ser aplicadas, caso tais mandamentos não fossem obedecidos. Enfim, os pais, simplesmente, educavam a sua prole. Por exemplo, quando ocorria o fenômeno da menarca, as mães sabiam que deveriam, a partir de então, dirigir-se periodicamente à cidade para a compra de tecidos e outros apetrechos visando à montagem do enxoval da filha. Ninguém perguntava se deveriam agir de maneira diferente, como indagar à filha se era o seu desejo casar-se. Simplesmente agia-se dessa maneira.

Movimento semelhante era observado em relação aos professores: eles também não colocavam em dúvida a maneira como deveriam proceder no processo de ensino e de aprendizagem. Cabia-lhes ensinar e às crianças, a tarefa de aprender. Assim, caso a criança não cumprisse os "deveres escolares", os fizesse de maneira displicente e/ou não se comportasse em sala de aula, isto é, fosse indisciplinada e acabasse desobedecendo aos preceitos impostos pelos professores, era punida (seja com castigos corporais, morais e/ou com a expulsão momentânea ou definitiva da escola).

Acontece que a migração – na época, para os incipientes centros urbanos – fez com que a maioria dos migrantes se deparassem com novas maneiras de viver e de se relacionar. Em decorrência, tais indivíduos passaram a questionar, a relativizar, a mudar ou a ficar sem parâmetros de como educar os filhos e os alunos. Afinal, sem saber como agir, os pais e os educadores acabaram não agindo ou ficaram indecisos sobre quais regras transmitir. Uma das conseqüências, talvez a mais negativa, foi a produção de crianças indisciplinadas, isto

---

Prefácio escrito pelo articulador, historiador e tradutor Paulo Cesar Souza à obra *Freud e a educação*: o mestre do impossível (1987), escrita pela Dra. Maria Cristina Machado Kupfer (professora do Instituto de Psicologia da USP-SP).

é, não respeitadoras das regras, sejam as mais amplas – como a de não roubar –, sejam as estudantis (manter-se em silêncio quando o professor estivesse explicando determinado conteúdo escolar).[17] Outra causa determinante dessa "ausência de limites" refere-se à divulgação distorcida do saber psicológico sobre os efeitos maléficos de uma educação extremamente repressiva e violenta. Por exemplo, antigamente acreditava-se que o emprego de castigos corporais produzia efeitos pedagógicos. Assim, batia-se nas crianças, pois com tal ato acreditava-se que elas não reincidiriam na produção de tolices. A Psicologia produziu conhecimentos que, ao contrário, levaram à refutação dessa prática. O castigo físico quase sempre humilha as crianças; isso quando não leva à produção de efeitos opostos aos esperados, pois a vítima, revoltada com a sua aplicação, passa a cometer mais disparates e/ou aumenta a gravidade das tolices cometidas.

Os meios de comunicação de massa, todavia, acabaram interpretando e divulgando tal construção científica – muitas vezes, com a ajuda de profissionais da área – como a *não colocação de limites*.[18] Ora, quando não se colocam limites às crianças, os pais e educadores acabam impossibilitando a transformação de tais indivíduos em seres civilizados. Sem regras, o ser humano não tem condições de se transformar em sujeito e, muito menos, de desenvolver-se moralmente, já que para isso é necessário que limites sejam superados e, nesse caso, nem ao menos foram colocados.

---

17 Cabe frisar que, em última análise, encontrar-se-á, na raiz dessas causas, fatores econômicos. Além disso, a crise econômica, como mostrarei a seguir, leva, igualmente, à crise de valores morais e éticos, na medida em que incita o individualismo, "o levar vantagem"; portanto, a desconsideração "do outro" e, logo, da moral.

18 Diagnóstico semelhante pode ser feito em relação à maneira como a teoria psicológica construtivista foi apropriada, sobretudo, pelos profissionais ligados à educação, a ponto de entenderem que a prática educativa inspirada por essa abordagem defende a não interferência no processo de aprendizagem, ou seja, *um puro deixar fazer*. Julgo importante dizer, ainda, que a maioria desses profissionais concebe, erroneamente, o construtivismo como pedagogia. Trata-se, assim, de uma teoria psicológica.

Tendo como parâmetro a orientação *freudiana* e a *lacaniana*, quando não se colocam limites, ou seja, barra-se, castra-se ou corta-se simbolicamente o sujeito, não se possibilita o nascimento do desejo, isto é, da falta. Logo, a criança não buscará nada; e, no lugar de um adulto saudável – isto é, neurótico –, haverá um selvagem. Por exemplo, se todas as vezes que o bebê chorar os pais forem ao encontro dele, no sentido de socorrê-lo, ele não crescerá. O leitor considera comum ver um adulto que só come, dorme e chora? Pois bem, ao recusar-se a satisfazer todas as "vontades" da criança, ou mesmo em todos os instantes, os pais estarão preparando o seu filho para a vida. Ele acabará entendendo que apenas chorar, diante de um obstáculo qualquer, não possibilita a sua superação. Assim, entenderá que precisa realizar outras ações e, um pouco mais tarde, compreenderá a situação que o impediu de concretizar seus interesses ou por que a sua consecução fora protelada. Segundo outra tese lacaniana, diria que ele precisará lutar/batalhar para conseguir satisfazer os seus desejos (ou melhor, demandas, já que eles não são enunciáveis).

Há uma tese construída por Emile Auguste Chartier (1868-1951) – jornalista francês, adepto do ensino tradicional e mais conhecido pelo pseudônimo de Alain – e defendida com afinco por La Taille, num ensaio sobre as dimensões dos limites (1998b), de que a criança só deseja crescer: "passamos toda a infância procurando esquecer a criança que éramos na véspera. O crescimento é isto. E a criança não deseja nada além do que não ser mais criança" (Alain, 1948, p.11 *apud* La Taille, 1988b, p.13). Embora concorde com tal tese, é evidente – se levarmos em conta o construtivismo piagetiano – que esse interesse pelo *crescer* é decorrente de uma necessidade, provocada a partir da relação da criança com o seu meio físico e social.

Pois bem, vejo com certo temor que essa premissa está cada vez mais deixando de ter sentido nos dias de hoje. Parece-me que a heteronomia, segundo definição piagetiana – conceituada por alguns de individualismo e por outros de narcisismo –, é sinal de que as crianças e os jovens não estão mais querendo crescer. Afinal, protegidos em seus lares (semelhantes a verdadeiras celas) e praticamente tendo contato com o mundo real mediatizado pelo virtual ou somente com este último, tais indivíduos acabam não sendo solicitados a superar o mundo infantil (basicamente, formado por fantasia). Ao contrário, cada vez mais ele se mostra atraente.

Essa lógica está *dando plantão*, ultimamente, até no campo das relações amorosas. Hoje a moda é *ficar*. Penso que, sobretudo, os jovens estão agindo assim, por estarem fazendo uso de uma "lógica" da ação heterônoma, conforme definição elaborada por Piaget (1973 [1964]). Isso não significa que sejam pré-lógicos, isto é, que não tenham construído estruturas operatórias – portanto, que sejam incapazes de reversibilidade. Ao contrário, eles apresentam competência cognitiva reversível. O que lhes falta é a *performance* cognitiva correspondente – condutas autônomas –, provavelmente ocasionada pela cultura vigente, na medida em que ela não incita nem tampouco valoriza o estabelecimento e o exercício do diálogo, da discussão e da reflexão. Em outras palavras, os sujeitos estabelecem relacionamentos fugazes, como o *ficar*, porque agem orientados por uma certa irracionalidade – apesar de terem a capacidade racional. Eles objetivam com isso exatamente continuar, de maneira delirante, subordinando o outro (mundo) ao seu eu e se negando a se submeter a ele. Em conseqüência, são incapazes de estabelecer o diálogo – condição necessária para o estabelecimento de relações interpessoais –, já que não se colocam no lugar do parceiro para compreender seu pensamento; confundem fantasia com realidade, a ponto de acabarem apenas enxergando um simulacro do outro, e mostram-se incapazes de amar, pois o amor pressupõe compreensão (logo, também a racionalidade). Para que tais processos sejam revertidos, é necessário que os adolescentes saiam de si e se coloquem no lugar dos outros. Esse movimento leva, inevitavelmente, ao sofrimento, uma vez que ele obriga ao abandono do individualismo, do hedonismo e da desmobilização. Poderíamos resumir uma das causas que influenciam esse tipo de relacionamento na atualidade assim: *ficar* para não amar e, logo, não sofrer.

Outra causa, com certeza, está relacionada à mudança da sociedade, outrora basicamente centrada na figura adulta, para um tipo em que a criança e o adolescente passam a ocupar esse lugar. La Taille (1996) resume as conseqüências dessa mudança:

> A família, antes organizada em função dos adultos, passa a ser organizada em função das crianças. Ontem, sair de casa era ganhar a liberdade, hoje significa perdê-la. Daí a atual queixa da falta de limites nas crianças. Os pais e professores têm medo de impô-los porque significaria impor o registro adulto, no qual não acreditam mais. A criança é adulada porque é criança: sua auto-estima já está dada pela própria idade que tem. A força do estuário dobra-se perante a fragilidade da nascente. E a nascente acaba por não ganhar a força do rio, pela simples razão de que nunca encontra um rio. Os pais engatinham na frente dos filhos, brincam de negar as diferenças e de ser apenas "amigos" de suas progenituras, escondem seus valores por medo de contaminá-las, aceitam seus desejos por medo de frustrá-las. E o fato acaba por se repetir na escola. Troca-se Machado de Assis por histórias de *Walt Disney*, a Filosofia pelas discussões das crises existenciais, as ordens pelas negociações, a autoridade pela sedução. A escola passa a ser o templo da juventude, não mais o templo do saber. (p.22)

Em outras palavras, hoje quem manda é a criança e o adolescente. Acredito que isso ocorre, novamente, graças ao entendimento equivocado de uma descoberta científica importantíssima: a de que a criança não é um adulto em miniatura e, como conseqüência, deve ser tratada levando-se em consideração tal aspecto. Assim, na ânsia de querer entendê-la e/ou respeitar seus direitos, os pais acabam encenando, num primeiro momento, condutas infantis e, com o passar do tempo, passam a agir de maneira infantil. Não se pode desprezar, igualmente, que tal mudança social está amparada numa certa demanda dos pais de não frustrar o filho – como diz Calligaris (1992), lugar de possível realização de seus "desejos", em outros tempos frustrados por seus pais. É por essa razão que certos progenitores costumam dizer coisas com o seguinte teor: "deixa a criança fazer o que quiser! Eu não tive liberdade, mas ela terá. Por causa disso, não fui feliz, mas ela será!". Refletimos que ela poderá até ser "feliz" – se é possível sê-lo –, mas com certeza não será um ser civilizado. Como indaga La Taille (1998c), "*como podemos deixar à criança a tarefa de nos governar (mandar) se somos nós as pessoas que exatamente devemos ensiná-la a arte do governo (mandar)?*" (p.12, grifos meus).

Não posso deixar de mencionar nem de tecer considerações sobre a influência dos meios de comunicação de massa. São incontestáveis os efeitos benéficos produzidos por tais veículos de educação, de informação e, principalmente, de entretenimento. Pensamos no papel que as telenovelas tiveram ao auxiliar na mudança de padrões de comportamento das pessoas em relação aos grupos minoritários ou colocados em posição subalterna. Refiro-me, especialmente, aos homossexuais, às mulheres e aos idosos que passaram a ser respeitados e, como conseqüência, tiveram seus direitos reconhecidos, como o de igualdade – a meu ver, básico e fundamental para a concretização dos outros.

Contudo, é fato que tais agências socializadoras sabotam os valores morais e contribuem, substancialmente, para a imposição dos valores ligados a uma sociedade de consumo. Vê-se que a televisão e os demais *mass media* disputam cada vez mais espaço com a família e a escola na educação de nossas crianças e adolescentes, mostrando-se inclusive mais eficientes. A conseqüência é direta: a criança, quando respeita algum limite, é exatamente o veiculado por esses meios, ou o transmitido pelos pais (desde que, obviamente, tenha sido reforçado por tais instrumentos eletrônicos).

Outra causa tem a ver com a situação econômica e política do país. Vivemos em um regime democrático, implantado recentemente e, como tal, estamos aprendendo a ser e a viver dentro dos seus limites. Comparo esse aprendizado ao de uma criança quando ensaia os primeiros passos na difícil tarefa de andar: deseja demais fazê-lo, mas fica, em alguma medida, receosa de cair. Com o passar do tempo, a demanda por caminhar – entenda-se o interesse em crescer – vai se tornando mais forte e, então, suplanta a de permanecer presa ao engatinhar. Às vezes, antes de cair, consegue dar alguns passos e em outras vê seu intento frustrado na primeira tentativa. Tanto em uma situação quanto na outra, a dor sentida pela queda é enorme e, quase sempre, acaba fortalecendo o receio de caminhar.

Estamos vivendo situação semelhante: desejamos ser democráticos, tentamos e, muitas vezes, nos frustramos com os resultados alcançados imediatamente. Nesses momentos, sentimo-nos saudosistas dos tempos de outrora em que apenas cumpríamos deveres. Esse é o sentimento de inúmeros docentes que cotidianamente lidam com alunos desinteressados. Bem entendido, apáticos em relação ao conhecimento produzido ao longo da história da humanidade, pois, a rigor, sujeitos desinteressados por tudo não existiriam, pois estariam mortos.

Nossa época cessou de reverenciar o estudo e a instrução. Seus ídolos estão em outros lugares... e não existe quase mais nada da vergonha que assolava, há pouco tempo, o mau aluno, o ignorante. Pelo contrário, ei-los que reinam na mídia, novos reis preguiçosos, que, longe de enrubescerem de não saber nada, se orgulham disto.... Não satisfeitos em ridicularizar a escola e a universidade, pretendem suplantá-las e provar que o sucesso e o dinheiro não passam mais por esses templos do conhecimento. (Bruckner, 1995, p.90, traduzido *por* La Taille, 1996, p.22)

É, no mínimo, bastante instrutivo o fato de o cantor Bono, líder da banda de *rock and roll* U2, ter sido convidado para proferir palestra para novos alunos da Universidade Harvard (início de junho de 2001). Isso não significa que nutro algum tipo de preconceito pelo fato de ele ser um compositor, cantor de *rock and roll*, faça parte do *show business* e, em conseqüência, não seja merecedor de crédito acadêmico. Cabe esclarecer que sou um de seus fãs e a sua fala foi, ao menos no trecho a que tive acesso, bastante interessante e instrutiva. Leia-se o que ele disse: "Contra o que nos rebelamos agora? Eu me rebelo contra minha própria indiferença, contra a idéia de que o mundo é o que é e que não tem nada que eu possa fazer".

O que me chama a atenção é o fato de, em seu lugar, não ter sido convidado um ilustre acadêmico. Talvez isso não tenha acontecido porque a referida universidade pretendia, com tal convite, oferecer uma atividade "fora" dos padrões acadêmicos (iniciativa louvável), tinha plena consciência desse momento atual e, por isso, estava buscando, com esse artista, estabelecer ligação entre o mundo do saber informal e o acadêmico (igualmente digna de elogio) ou satisfazer os supostos interesses dos novos estudantes (atitude detestável) e, até mesmo, pela absoluta falta de alguém do universo acadêmico com condições de oferecer uma mensagem aos novos alunos (também detestável e, acredito, questionável).

Sobre a situação econômica, vive-se numa época de perda brutal do poder aquisitivo, de desemprego estrutural e a conseqüente falta de perspectivas. A esse propósito, Mezan (1992) fez a seguinte consideração: "o ser humano é capaz de tolerar grandes quantidades de sofrimento. Existe essa enorme tolerância à dor, mas em nome de alguma coisa, com uma promessa de que isso em algum momento vai cessar. Não só a sociedade não está respeitando essa promessa, que é feita quando alguém nasce em seu interior, como ela está deixando de ser formulada" (*Folha de S.Paulo*, 1º/11/1992).

Essas reflexões permitem pensar que o ser humano é capaz de morar debaixo de um viaduto, "passar fome", ver seus filhos famintos e sem condições de dar-lhes alimento, suportar todo tipo de humilhação, desde que ele acredite que sua vida melhorará. Pergunto, e transfiro também ao leitor a minha dúvida: é possível a manutenção da crença, nos dias de hoje, de que o mundo apresentará condições minimamente necessárias para viver uma vida digna? É fato que, para as camadas populares, esse sonho ainda continua presente. Veja-se, por exemplo, que os programas televisivos dominicais da TV aberta de maior audiência são exatamente aqueles que se propõem a solucionar magicamente problemas de moradia, obtenção de emprego e/ou tratamento hospitalar e medicamentoso. Assim, se na Idade Média a possibilidade de uma vida melhor era postergada para a "existência" depois da vida terrestre, atualmente, sua busca está em consegui-la por meio, por exemplo, dos sorteios, das gincanas e das competições televisivas.[19]

O fenômeno da *falta de limites* está relacionado, também, com a impunidade, o aumento exorbitante da violência real e virtual e a

---

19 Devo essa observação à historiadora Gláucia de Oliveira.

maneira como ela é apresentada nos meios de comunicação de massa. A virtual, por exemplo, é mostrada com um grau de realismo que faz o desenho do *pica-pau* parecer pré-histórico. A real, ao contrário, é apresentada na forma de espetáculo, o que não sensibiliza e indigna ninguém.

Cabe acrescentar que, além desses, a exposição à violência (também a ausência ou a transgressão de limites) a leva a ser vista como algo comum, um fenômeno perfeitamente natural; a confusão entre o mundo real e o virtual, o que leva o sujeito a acreditar, por exemplo, que ele pode atirar em alguém e, depois de transcorrido algum tempo, esse "alguém" voltará a viver; a produção de comportamentos aparentemente corajosos, fazendo com que o sujeito subestime as situações reais de perigo (como, por exemplo, em um assalto) e ao uso da violência como meio para a resolução de conflitos interpessoais e intrapessoais.

É como se o ser humano deixasse de utilizar exatamente os instrumentos que os diferencia dos outros animais considerados inferiores – a capacidade de dialogar e de refletir (forma de diálogo interno) – e passasse a fazer uso unicamente da violência física em relação aos outros e de drogas no tocante a si próprio.

Cabe-me fazer uma observação: *as crianças e os adolescentes não são esponjas*, ou seja, seres que absorvem toda a violência transmitida pelos *mass media*. Conforme La Taille, numa entrevista concedida às jornalistas Carla Gullo e Gisele Vitória (1998), da Revista semanal de notícias *Isto é*, as crianças são capazes de filtrar os conteúdos veiculados. O grande problema é que o meio social – sobretudo os pais e os educadores – não está oferecendo situações potencialmente de desequilíbrio, a ponto de as crianças construírem seus filtros (isto é, limites necessários para distinguir o certo e o errado). Por exemplo, quando o pai não censura o acesso do filho à televisão e tampouco explica a razão dessa conduta, quando não discute e critica com a criança os programas televisivos, ou quando o professor não incita o aluno a refletir sobre suas condutas violentas, ou, até mesmo, as reforça mandando a vítima devolver o ato violento ao agressor, tanto um quanto o outro estão contribuindo para a não construção desses filtros e, o que é pior, estão colaborando, ainda mais, para o aumento da ausência de limites, ao seu desrespeito e, em conseqüência, da violência. No limite, os pais e os professores até contribuem para que as crianças e os adolescentes construam tais filtros. Contudo, eles acabam servindo para aumentar os índices de violência, pois tais filtros vão ao encontro da violência.

Por exemplo, pais que fazem uso da violência para resolver seus conflitos inter e intrapessoais e/ou insistem para que seus filhos resolvam seus problemas da mesma maneira. Professores que estimulam alunos a devolverem "na mesma moeda" a violência sofrida ou fazem uso dela como recurso pedagógico.

Cabe sublinhar que não estou me referindo tanto à violência física, pois é uma prática em desuso. Estou chamando a atenção, sobremaneira, para a violência por meio do rebaixamento moral. Por exemplo, rotular um aluno de pouco inteligente, desatento e hiperativo.

Além dessas causas sociais mais amplas, não se pode deixar de considerar as mais ligadas à política educacional implantada a partir da década de 60 (séc. XX) no Brasil.[20] A primeira delas está relacionada à falência das formas tradicionais de se impor limites. Hoje, aplicar advertência, suspensão, ponto negativo, castigo em sala de aula é um ato punitivo que se mostra totalmente ineficiente. Às vezes, a criança, inclusive, vê certas punições como prêmios. É o que ocorre quando determinado aluno é colocado para fora da sala de aula; motivo, quase sempre, de intensa alegria e de orgulho. Aliada a essa falência, tem-se a proibição e a constatação dos efeitos nulos ou inversos de certas punições. Refiro-me ao bater na criança. Como

---

20 Atualmente ela está sendo revista, de maneira paulatina e quase sempre conflituosa, com a aplicação da nova *Lei de diretrizes e bases da educação nacional* (Brasil, 1996), publicada em 1996. Dentre as mudanças, talvez a principal esteja relacionada à concepção de sujeito adotada nos novos *Parâmetros curriculares nacionais* (como um ser ativo), já que dela decorre todas as outras (Brasil, 1997). Dela deriva toda uma mudança metodológica, de conteúdos e sobretudo de postura, seja no entendimento, seja no trato das crianças e dos adolescentes submetidos ao processo de ensino e de aprendizagem, agora, vistos como cidadãos; logo, não mais apenas meros receptáculos da cultura dominante.

disse em outra oportunidade, acreditava-se – até há bem pouco tempo – que o castigo corporal era pedagógico. No entanto, sabe-se atualmente que ele é humilhante e, portanto, muitas vezes gerador de mais violência ou de mais indivíduos incapazes de lutar por seus direitos, além de tornar todo tipo de violência, independentemente do contexto, legítima.

Analiso assim porque, a meu ver, nem toda forma de violência é ilegítima. Quando um soldado vai à guerra defender a sua nação, de certa forma a prática da violência aqui está fundada na justiça (muito embora, como qualquer tipo de violência, seja lamentável). Raciocínio semelhante poder-se-ia desenvolver em relação a algum indivíduo que tivesse assassinado Hitler. Nessa situação, como já ponderei no presente ensaio, a violência seria plenamente justificável, pois, com isso, estar-se-ia evitando a morte de milhões de inocentes. Pode-se estender o argumento para os pais que fazem uso da palmada para demover o filho da intenção de introduzir o dedo na tomada elétrica. Entendo essa ação de violência como perfeitamente legítima, pois visa evitar danos maiores à vida do filho. Afinal, a criança não apresenta, ainda, competência cognitiva para compreender o perigo e o pai não tem condições econômicas para resolver o problema de outro modo (por exemplo, com a compra de tampão), além de estar ciente de que a ação é necessária para a vida de sua prole.

Temos, igualmente, o descrédito em relação às novas punições sugeridas, como as por reciprocidade. Segundo Piaget (1994 [1932]), por haver relação entre o delito cometido e o castigo a ser aplicado, tais sanções possibilitam o desenvolvimento cognitivo, afetivo e moral. É fato, contudo, que a sua eficiência – como fator de desenvolvimento – é dependente, sobremaneira, do espírito de quem as aplica. De nada adianta se o aplicador é heterônomo e tiver em mente unicamente a idéia de castigar o outro e não a de, pela compreensão de sua falta, impedi-lo de reincidir no delito cometido.

Tem-se, também, a crise vivida pelos educadores em relação aos objetivos da educação formal. Cada vez mais observo educadores atônitos e indecisos quanto à finalidade do saber instituído. Eles, por exemplo, indagam: qual deve ser o objetivo da escola? A escola deve transmitir os conhecimentos produzidos pela humanidade, *colocar limites*, desenvolver cognitiva, afetiva e moralmente os alunos ou as três finalidades juntas? Como conseguir atingir tais intenções? Por causa dessa *falta de limites* é imperativo também tecer considerações sobre a formação dos docentes e do pessoal técnico-administrativo, assim como sobre as condições materiais para o desenvolvimento do processo de ensino e de aprendizagem. Noto que os professores não foram suficientemente preparados para trabalhar com o aprendizado escolar e muito menos com aspectos ligados ao desenvolvimento humano. Isso é um problema, sobretudo se se considera que o ensino atual, defendido nos novos *Parâmetros*, contempla o desenvolvimento. Quanto às condições materiais, é do conhecimento de todos que a maioria das escolas não apresenta as mínimas condições para a ocorrência da aprendizagem. As salas são pequenas, mal ventiladas e superlotadas; há carência de materiais pedagógicos e de pessoal (sobretudo especializado). Essas condições aumentam a probabilidade de ocorrência de atos de ausência de limites, pois a superpopulação e o desconforto levam ao aumento da indisciplina e da violência. Veja, por exemplo, o caso dos grandes centros urbanos ou até mesmo das grandes escolas e das instituições correcionais, como a Casa de Detenção de São Paulo.

Diante de todos esses aspectos, nota-se, felizmente, que os pais e os educadores estão cada vez mais voltando a ter como preocupação a necessidade de educar os filhos conforme determinados valores morais. Os novos *Parâmetros curriculares nacionais* (Brasil, 1997) apontam, inclusive, que esses valores devem ter como finalidade a garantia da concretização da vida numa sociedade democrática.

...

É certo, porém, que essa preocupação, legítima e necessária, está levando à produção de conseqüências (não tão *nobres* assim). Com a finalidade de se resolver um dos grandes problemas mundiais da atualidade – o desemprego estrutural –, vemos o aumento da produção de dispositivos que têm por finalidade fazer com que

ENTRE O PÚBLICO E O PRIVADO 169

as mulheres retornem aos seus lares. Entre eles, há um – a meu ver, particularmente perverso – que é o de aumentar o sentimento de culpa na mãe por deixar os filhos, durante o período em que está desenvolvendo atividades profissionais, sob a guarda de outras pessoas.

Exemplifico esse movimento com a maneira como os meios de comunicação de massa – no caso, a televisão – apresentaram uma pesquisa desenvolvida com adolescentes que freqüentaram creche durante um período de suas vidas, e algumas reportagens sobre práticas de maus-tratos realizados por babás.

Quanto à pesquisa, segundo o repórter Ednei Silvestre, da Rede Globo de Televisão, um grupo de pesquisadores americanos verificou o seguinte: crianças que passaram em torno de 12 horas diárias em creches eram mais violentas na adolescência. A razão para isso, segundo ele, estava no fato de que em creches tais crianças eram solicitadas a apresentar, a todo instante, condutas altruístas. Em conseqüência, elas acabavam não tendo espaço para o desenvolvimento da "individualidade" e, então, na adolescência, terminavam manifestando tal demanda por meio do emprego da violência. Sem entrar no mérito das explicações construídas pelos pesquisadores, das condições nas quais a pesquisa foi desenvolvida e mesmo da concepção de homem e de mundo efetivamente norteadora das instituições investigadas, o que me chamou a atenção foi a manchete produzida para a divulgação da pesquisa (mais ou menos assim): *Crianças criadas em creche são mais violentas, aponta estudo científico*. O leitor deve ter percebido, com o relato feito por mim, que, na verdade, o estudo não chegou a esse resultado. Ele apontou o seguinte: crianças que ficavam em torno de 12 horas diárias na creche tendiam a ser adolescentes violentos. Além disso, nada foi dito sobre a qualidade das instalações da creche, dos profissionais e, como já disse, da concepção de homem. Durante a exposição, o mencionado repórter alerta, ainda, para o fato de que, segundo os pesquisadores, é bastante positivo crianças viverem em creche, desde que em torno de seis a oito horas diárias. Ora, essa informação foi dada praticamente sem destaque, quando, na verdade, ela era de suma importância. Lembro-me de que, na ocasião, vários educadores fizeram questão de me tornar ciente da matéria; muitos, acredito, com a intenção de justificar a tese segundo a qual a falta de limites estava na ausência da família. Certamente penso que o efeito seria diferente – e os índices de audiência provavelmente seriam os mesmos – se a manchete fosse algo do tipo *Pesquisa aponta que o fato de as crianças viverem em creche, até oito horas diárias, contribui para a diminuição da produção de adolescentes violentos.*

Tendemos a considerar, por essa razão, que matérias desse tipo têm a finalidade de aumentar a culpa das mães, já sentida em quantidade elevada, de deixar seu filho sob os cuidados de outrem e, levá-las, em conseqüência, a renunciar ao exercício profissional (duramente conquistado) para dedicar-se integralmente ao papel que lhe é tradicionalmente destinado: ser praticamente a única responsável pela garantia da sobrevivência e da educação de seu filho. E, com isso, o sistema social vigente conseguiria – ao retirar a mulher do mercado de trabalho (pelo menos, temporariamente) – minimizar um dos seus mais graves problemas na atualidade brasileira e quiçá mundial – o desemprego.

Tem-se, aliada a isso, a cobertura dada a reportagens em que crianças são vítimas de maus-tratos. Pais desconfiados colocam câmeras de filmagem, visando, com isso, verificar o tipo de cuidado dispensado por babás aos seus filhos. Novamente não pretendo entrar no mérito do assunto, mesmo porque ficamos indignados diante de tais cenas, apesar de termos plena consciência de que, usando uma expressão de Costa (1997), todos nós somos responsáveis pela conduta de pessoas que cometem tais abusos. Diria, apenas, que a ênfase dispensada e a maneira como a mídia veicula tais casos contribuem, a meu ver, somente para aumentar a culpa da mãe, e o resultado já se sabe: fazer com que ela volte a ser apenas a *rainha do lar.* O leitor poderá achar que estou exagerando, só não sei, usando expressão de La Taille (1996), até que ponto e quanto.

...

Apesar disso, é aqui que aproveito a oportunidade para defender a instituição familiar como veículo de produção de outras sensibilidades e valores, que não só o de transmissão da ideologia da classe social dominante.[21]

Segundo Horkheimer (apud Rouanet, 1987), as condutas morais são determinadas, em grande medida, pela interiorização da cultura. A cultura, conforme definição vernácula, é o "complexo de padrões de comportamento, das crenças, das instituições e doutros valores espirituais e materiais transmitidos coletivamente e característicos de uma sociedade" (Ferreira, 1986). Tais aspectos têm como função tanto a manutenção quanto a transformação do contexto social em voga. Assim, em uma sociedade de classes como a nossa, os indivíduos não pertencentes à classe social dominante geralmente são utilizados como receptáculos da cultura que se apresenta inquestionável e objetiva instituir-se como legítima e universal.

> [A cultura] na medida em que influencia o caráter e o comportamento dos homens... funciona como fator de conservação ou de ruptura no dinamismo social... O conjunto do aparelho psíquico dos membros de uma sociedade de classes, na medida em que não pertençam ao núcleo de privilegiados, serve, em grande parte somente para interiorizar ou pelo menos racionalizar e suplementar a coação física... Uma cultura determinada exerce seu poder de resistência através das reações dos homens que a compõem... Entre esses padrões de reação figura a capacidade consciente... que condiciona o indivíduo a cada passo, de conformar-se e subordinar-se, de aceitar as condições existentes no pensamento e na ação, de viver na dependência de uma ordem de coisas pré-estruturadas e de uma vontade alheia... Os impulsos e paixões humanas, suas inclinações e forma de reação características, são marcadas pelas relações de poder que dominam a vida social em cada momento. O sis-

---

21 Isso não significa que defendo a idéia de família como sinônimo de *união para sempre*. Estou apenas querendo afirmar, como veremos mais adiante, que a família – a despeito do seu papel reacionário de manutenção do *status quo* vigente, diferentemente das outras instituições sociais – exerce (sem o saber) função transformadora. Minha defesa da família reside nessa possibilidade.

tema de classes em que transcorre a vida externa do indivíduo se reflete não somente em seu espírito, suas idéias, seus conceitos e julgamentos básicos, mas também em sua vida mais íntima, em suas preferências e desejos. (Horkheimer *apud* Rouanet, 1989, p.157-8)

Assim, os indivíduos, ao incorporarem a cultura de determinada época, estarão interiorizando as atitudes, os desejos, as idéias, as opiniões, as preferências, bem como os valores próprios a esse período.

Esse processo de incorporação é, segundo os teóricos críticos – por exemplo, Rouanet (1989) –, fruto de uma política exercida pelos *aparelhos ideológicos de estado* (Althusser, 1974).[22] Tais instituições têm como função, dentre outras, proceder à socialização que se dá, inicial e principalmente, na família – considerada a mais importante de todas as agências socializadoras, pois, além de ser a primeira, as relações nela são mediadas pela afetividade.

A socialização primária [que ocorre no seio familiar] implica mais do que o aprendizado puramente cognoscitivo. Ocorre em circunstâncias carregadas de alto grau de emoção. De fato, há boas razões para se acreditar que sem esta ligação emocional com os outros significativos o processo de aprendizado seria difícil, quando não de todo impossível. A criança identifica-se com os outros significativos por uma multiplicidade de modos emocionais. Quaisquer que sejam, a interiorização só se realiza quando há identificação. A criança absorve os papéis e as atitudes dos outros significativos, isto é, interioriza-os, tornando-os seus. Por meio desta identificação com os outros significativos a criança torna-se capaz de se identificar a si mesma, de adquirir uma identidade subjetivamente coerente e plausível. (Berger & Luckmann, 1985, p.176-7)

Além desse papel de iniciadora do processo de socialização (*ideologização*) dos indivíduos, a família funciona como espaço pro-

---

22 Essa expressão foi utilizada pelo filósofo marxista francês Louis Althusser (1918-1990) – formulador da perspectiva *estruturalista* da leitura de Marx – e serve para designar todas as agências socializadoras e veiculadoras da ideologia defendida pelo Estado (isto é, da classe social dominante), como a família, a escola, os *mass media*, a igreja, entre outras.

dutor e reforçador de sensibilidades e valores, diferentes dos impostos pela lógica da classe social dominante. É aqui que me atenho para defender a família como um dos lugares capazes de nos possibilitar a superação dessa crise de valores morais e éticos. Afinal, nem todo o conteúdo que se veicula na família obedece à lógica do capital, qual seja: a lei da oferta e da procura. Bem, pelo menos, quero continuar a crer nessa idéia.

...

Desse modo, volto a dizer que é necessário ter cuidado na avaliação do fato de a maioria dos resultados obtidos, num estudo sobre valores morais (Silva, 2002), ter sido favoráveis à honestidade, à generosidade e à verdade quando confrontadas com o valor da lealdade. Por exemplo, mais de 75% das justificativas foram contrárias à manutenção da *lealdade à palavra dada* de silenciar-se diante do furto. Tais resultados podem, por causa desse percentual, dar a impressão de que a maioria dos escolares emitiu julgamentos motivados por uma moral autônoma.

As reflexões elaboradas por diversos pensadores – algumas aqui apontadas –, a própria realidade e a análise dos resultados obtidos no presente estudo dão como certo que eles agiram, ao contrário, motivados pela lógica heterônoma: a única capaz de garantir a validade de toda sorte de valores, com exceção dos implicados na *ética da justiça*.

Isso significa que a infidelidade ou a deslealdade não foi produto da Razão, mas de uma mera repetição de preceitos ditados pelas figuras de autoridade. Se não fosse desse modo, como explicar toda essa crise de valores, sobretudo morais e éticos? Se a grande maioria da população tivesse suas condutas pautadas pela justiça, verdade e generosidade, a meu ver, não estaríamos vivendo a atual onda de violência que assola o país – para mim, uma verdadeira guerra civil ainda não assumida formalmente pelas autoridades de Estado. Assim, paradoxalmente, os sujeitos que foram *leais à palavra dada* seriam até mais desenvolvidos moralmente. Afinal, ousaram agir guiados por um princípio; não se deixando, com isso, levar pelos interesses priorizados pelas figuras de autoridade ou pela *imbecilidade*.[23]

Dessa forma, não posso deixar de assinalar que o sujeito leal – mesmo que seja às piores causas – é digno de algum tipo de admiração, pelo menos mais do que os infiéis ou desleais, que com tal conduta estão mais próximos da natureza do que da civilização (pelo menos, mais do que os heterônomos).

O passado não é mais, o futuro ainda não é; o esquecimento e a improvisação são fatos naturais. O que é mais improvisado, a cada vez, do que a primavera? E o que é esquecido mais depressa? A própria repetição, tão impressionante, não passa de um logro: é por se esquecerem que as estações se repetem, e justamente por causa do que torna a natureza sempre nova que ela só inova raramente. *Toda invenção verdadeira, toda criação verdadeira supõe a memória...* Porque o que dura ou se repete só ocorre mudando, e nada começa que não deva acabar. (Comte-Sponville, 1995, p.23)

Assim, o sujeito leal anuncia, a todo o momento, a memória – o atributo que justamente nos diferencia de todos os outros indivíduos – e, em conseqüência, faz-nos lembrar da nossa condição de seres civilizados. Esse fato nos remete, necessariamente, ao passado:

---

23 Segundo o filósofo espanhol Fernando Savater (1947-), o problema não está em agir de maneira altruísta ou individualista. No primeiro modo, atua-se com a finalidade de preservar fundamentalmente os interesses alheios; portanto, levando à manutenção da moral (harmonia social). No segundo – individualista – com a intenção de preservar os próprios interesses, acaba-se levando em consideração os outros. Por exemplo, quando o individualista respeita o sinal de trânsito, não o avançando quando está fechado para ele, o faz com a finalidade de preservar a própria vida. Caso desrespeitasse, poderia ter como efeito colateral da sua atitude a perda da própria vida. O problema está no *imbecil*. Ele age guiado unicamente pelos impulsos. Decorrência: destrói a sua vida e a dos outros. "Os imbecis sempre acabam mal. Ao afirmar que 'acabam mal', não queremos dizer que eles terminem na prisão ou fulminados por um raio, mas que em geral acabam prejudicando a si mesmos e nunca conseguem viver a vida boa que você e eu tanto desejamos." (Savater, 1996 [1991], p.98-9).

Pensar é lembrar-se de seus pensamentos; querer é lembrar-se do que se quer. Não é, por certo, que só se possa pensar o mesmo ou querer o que já se quis. Mas o que seria uma invenção sem memória? E uma decisão sem memória? Como o corpo é o presente do presente, o espírito é o presente do passado, no duplo sentido da palavra *presente* (grifo do autor): o que o passado nos lega e, em nós, o que permanece... Devemos invejar o animal, a planta, a pedra [por não terem memória e, assim, serem felizes]? E, mesmo que os invejássemos, deveríamos nos submeter a essa inveja?... Mesmo que o espírito fosse uma doença, mesmo que a humanidade fosse uma desgraça, essa doença, essa desgraça são nossas – *pois são nós, pois só somos por ela*. (Comte-Sponville, 1995, p.24-5, grifos meus) [24]

...

A propósito da impossibilidade de os homens serem felizes, Kant – numa passagem muito interessante da *Fundamentação da metafísica dos costumes* (1960 [1786]) – afirma que se Deus tivesse feito o homem para ser feliz não o teria dotado de razão. Vale a pena citar a passagem em que o filósofo faz considerações a esse respeito, não só pela beleza da exposição, mas, sobretudo, pelo fato de que essa é uma das premissas que fundamentam a maioria das teorias psicológicas, como a psicologia genética de Piaget e a psicanálise de Freud. Tais dispositivos de interpretação adotam explícita ou implicitamente a idéia da vida como busca constante de *equilibração* ou, como é apresentada numa linguagem psicanalítica, de superação dos conflitos. Diz ele:

> Ora, se num ser dotado de razão e vontade a verdadeira finalidade da natureza fosse a sua *conservação*, o seu *bem-estar*, numa palavra a sua *felicidade*, muito mal teria ela tomado as suas disposições ao escolher a razão da criatura para executora destas suas intenções. Pois todas as ações que esse ser tem de realizar nesse propósito, bem como toda a regra do

---

24 Apesar de defender a memória, não a romantizo, pois sei ser ela, justamente, o que pode impossibilitar-nos de nos transformarmos no tanto e na velocidade que desejaríamos. A esse respeito, há um conto muito interessante escrito por Ignácio de Loyola Brandão (1979), intitulado *O homem que queria eliminar a memória*.

seu comportamento, lhe seriam indicadas com muito maior exatidão pelo instinto, e aquela finalidade obteria por meio dele muito maior segurança do que pela razão; e se, ainda por cima, essa razão tivesse sido atribuída à criatura como um favor, ela só lhe poderia ter servido para se entregar a considerações sobre a feliz disposição da sua natureza, para a admirar, alegrar-se com ela e mostrar-se por ela agradecida à Causa benfazeja, mas não para submeter à sua direção fraca e enganadora a faculdade de desejar, achavascando assim a intenção da natureza; numa palavra, *a natureza teria evitado que a razão caísse no uso prático e se atrevesse a engendrar com as suas fracas luzes o plano da felicidade e dos meios de a alcançar; a natureza teria não-somente chamado a si a escolha dos fins, mas também a dos meios, e teria com sábia prudência confiado ambas as coisas simplesmente ao instinto.* (Kant, 1960 [1786], p.24, grifos meus)

O emérito filósofo é tão consciente da impossibilidade do feliz encontro entre razão e felicidade que chega praticamente a justificar a tese de que quanto *mais se sabe, mais infeliz se fica*, a ponto de desejar ser ignorante e de invejar os privados de saber formal.

Observamos de fato que, quanto mais uma razão cultivada se consagra ao gozo da vida e da felicidade, tanto mais o homem se fasta do verdadeiro contentamento; e daí provém que em muitas pessoas, e nomeadamente nas mais experimentadas no uso da razão, se elas quiserem ter a sinceridade de o confessar, surja um certo grau de *misologia*, quer dizer de ódio à razão. E isto porque, uma vez feito o balanço de todas as vantagens que elas tiram, não digo já da invenção de todas as artes do luxo vulgar, mas ainda das ciências, descobrem contudo que mais se sobrecarregaram de fadigas do que ganharam em felicidade, e que por isso finalmente invejam mais do que desprezam os homens de condição inferior que estão mais próximos do puro instinto natural e não permitem à razão grande influência sobre o que fazem ou deixam de fazer. (Kant, 1960 [1786], p.24-5)

Observo esse fato, particularmente, nos estudantes dos cursos de Psicologia. Um grupo significativo deles acaba demandando, pelo menos num primeiro momento, a desistência desse curso quando toma conhecimento da existência de teorias informadoras da presença do inconsciente e, com efeito, de não sermos *senhores em nossa própria casa*, isto é, do poder limitado da consciência na determinação de nossos comportamentos. Talvez esse fato explique um certo movimento no campo das ciências humanas, especialmente no da psicologia, de se considerar que a razão impede a vida ou o seu desenrolar de maneira feliz.

Esse raciocínio, segundo Rouanet (1987), pode ser resumido – de forma emblemática – na máxima emitida pelo poeta e dramaturgo Goethe (1749-1832), cuja influência foi marcante no movimento romântico, de que *cinzenta é toda teoria, e verde apenas a árvore esplêndida da vida*.

Isso posto, volto a dizer que não sou, em princípio, contrário aos valores ligados à glória nem aos privados, como a lealdade – objeto de apreciação deste ensaio. A minha tese é a de que os valores privados são necessários para a constituição do indivíduo. Afinal, a moral não deve se referir, unicamente, à maneira *como se deve agir* – concepção defendida por Kant –, de tal modo que nunca faça do outro um meio para atingir os próprios fins. A moral deve compreender, também, o *como se deve ser*, e isso pode envolver valores mais afeitos à dimensão privada (por exemplo, a coragem).

Claro está que para ser justo – valor único, segundo Kant, para a consideração do homem como um ser moral (entenda-se, autônomo) e a *virtude das virtudes* para Aristóteles (na medida em que sintetiza todas as outras) – é necessária a presença de outras excelências morais. Concordo com La Taille (2000) quando escreve que é pouco provável o sujeito agir de maneira justa apenas por compreender e por considerar absolutamente necessária a concretização da máxima kantiana *Age apenas segundo uma máxima tal que possas ao mesmo tempo querer que ela se torne lei universal*. Afinal, só é possível ser *justo* se se tiver *coragem* para sê-lo. Assim, mesmo a justiça exige a presença de outras virtudes.

Quero reafirmar, mais uma vez, que não discordo da definição kantiana de moral. Ao contrário, compartilho e sou ardoroso defensor dela. Quando saliento que a razão não tem força suficiente para impor-se, como o ser justo apenas convencido por argumentos, estou me baseando também em Kant.

Leia-se o que ele escreveu a título de prefácio à obra *Fundamentação da metafísica dos costumes*: "o homem, com efeito, afectado por tantas inclinações [afetos], é na verdade capaz de conceber a idéia de uma razão pura prática, mas *não é tão facilmente dotado de força necessária para a tornar eficaz* in concreto *no seu comportamento*" (p.16, grifos meus).

Ainda a propósito do texto *Metafísica dos costumes*, Kant alerta para o fato de que determinada ação não deve ser realizada apenas por ser moralmente boa. Para que ela realmente seja concretizada, é igualmente imprescindível que o coração a deseje. "... aquilo que deve ser moralmente bom não basta que *seja conforme à lei moral*, mas tem também que cumprir-se *por amor dessa mesma lei*; caso contrário, aquela conformidade será apenas muito contingente e incerta, porque o princípio imoral produzirá na verdade de vez em quando ações conformes à lei moral, mas mais vezes ainda ações contrárias a essa lei" (p.16-7, grifos do autor).

Finalizo reproduzindo passagem contida também no prefácio citado, em que Kant aponta e diferencia o objetivo de uma *Metafísica dos costumes* e o da Psicologia, perfeitamente cabível para justificar a confecção deste ensaio. Nessa comunicação, fica evidente que Kant não desconsidera nem tampouco atribui importância secundária ao estudo de aspectos relacionados ao querer e à Psicologia. Ao contrário, é como se ele quisesse, com tal observação, afirmar que se trata de conhecimentos diferentes e, portanto, absolutamente necessários: "A *Metafísica dos costumes* deve investigar a idéia e os princípios duma possível vontade pura, e não as ações e condições do querer humano em geral, as quais são tiradas na maior parte da Psicologia" (p.17).

Concluída a presente digressão, além disso, não é preciso que o sujeito, para ser justo, seja também generoso. Apesar de a magnanimidade ser um valor absolutamente louvável e necessário em relação ao *como se deve ser*, é perfeitamente dispensável nessa situação. Todavia, é uma excelência que, a meu ver, pode influenciar nas condutas morais dos indivíduos, a ponto de levá-los a orientar-se por uma ética diferente da que encerra a justiça. Essa parece ser o caso da menina investigada por Gilligan (1993), que foi guiada nos julgamentos morais por uma espécie de generosidade (*ética do care*) e, com isso, acabou sendo avaliada como possuidora de moralidade menos desenvolvida do que a do menino investigado (orientado, fundamentalmente, pela *ética da justiça*).

Enfatizo, disso, que a moral deve comportar, além da dimensão do *como se deve agir*, a do *como se deve ser*. Daí ser absolutamente necessário o estudo das virtudes ou o questionamento sobre determinados acordos ou posturas que estão sendo entendidas pelas pessoas como valores, pois elas podem estar influenciando a maneira como tais indivíduos devem agir moralmente bem (conforme o sentido dado por Kant a esse tipo de agir).

Foi exatamente o estudo que procurei fazer e que aqui dele apresento um ensaio. Procurei investigar se a *lealdade à palavra dada* de silenciar-se ou de ajudar, independentemente da situação ou do que estivesse em jogo, era um tipo de valor freqüentemente evocado e valorizado pelas crianças e adolescentes. Afinal, as observações feitas por mim sugeriam que tais indivíduos e os pertencentes a grupos de diversos propósitos – sociedades secretas como as maçonarias, organizações criminosas (por exemplo, a máfia), esportivas (torcidas organizadas) e tantas outras – tinham essa lealdade como valor fundamental.

Avalio, ainda, que a *lealdade à palavra empenhada*, apesar de não ser um valor relacionado à moral do *como se deve agir*, a lealdade em si o é, como já disse em outro momento deste ensaio. Baseio-me no fato de que ela pode ser um valor universal, pois todos a prezam, além de ser a responsável pela conservação de todos os valores. No entanto, seus objetos não podem ser universais (o teor de todos os acordos). Pode ser que determinado conteúdo seja exatamente contrário à existência humana – portanto, incapaz de se universalizar – como, por exemplo, o de não delação de um assassino.

Mesmo no caso do valor refletido por mim, também não há condições de ser um valor universal, uma vez que *a priori* ele determina que o outro deve manter-se *leal à palavra dada*, independentemente de qualquer situação. É óbvio que, se fosse para compreender situações moralmente louváveis, a idéia de se *manter segredo em qualquer situação* não faria sentido. Logo, tal tipo de valor no seu ponto de partida informa sobre a impossibilidade de demandar a universalidade (possibilidade de ser aplicável para todos) e, portanto, de reivindicar o estatuto de moral.[25]

Uma coisa, de qualquer forma, é certa: com o esvaziamento da esfera pública, a privada passou a regular, por algum tempo, o conjunto das relações interpessoais com relativo sucesso. Assim, apesar de as revoluções *democrático-burguesas* terem expulsado da dimensão pública os laços de lealdade e de amizade, eles teriam encontrado refúgio no espaço privado. Mas hoje nem isso! Com o progresso tecnológico e a sede de mais valia, a dignidade ofertada pelo trabalho e pela família tornou-se desnecessária. Assim, nem no espaço da intimidade tais valores parecem vingar. A bela e triste expressão de Costa (1996) resume o estado atual: *pouco a pouco, desaprendemos a gostar de gente*.

...

Finalizo com uma indagação também tecida pelo referido pensador, decorrente de considerações feitas sobre a perda da esperança no próximo, a qual, desejo, seja um convite para que todos reflitam: " *seria muito propor que, em vez de ruminar o fracasso, pensássemos juntos em refazer a amizade, a lealdade, a fidelidade e a honra na vida pública e privada, o gosto pela ética no pensamento político ou visões de mundo capazes de contornar a lassidão moral decorrente de nossos hábitos sentimentais e sexuais?*" (p.8).

Assis, julho de 2004, fim de um
inverno maluco, cujo ápice foi no outono.

---

25 Devo a idéia de tecer tal consideração a uma fala feita pelo meu mestre Prof. Dr. Yves de La Taille, docente do Instituto de Psicologia da USP, em relação à amizade. Diz ele: "a amizade, por exemplo, pode ser valor universal, pois todos a prezam. Porém, seu objeto – os amigos – não pode ser universal (todo mundo)".

REFERÊNCIAS BIBLIOGRÁFICAS

ALTHUSSER, L. *Ideologia e aparelhos ideológicos do Estado*. Portugal: Presença Brasil/Martins Fontes, 1974. 120p.
ARAÚJO, U. F. *O sentimento de vergonha como regulador moral*. São Paulo, 1998. 225f. Tese (Doutorado em Psicologia Escolar e do Desenvolvimento Humano) – Instituto de Psicologia, Universidade de São Paulo.
_____. *Um estudo da relação entre "ambiente cooperativo" e julgamento moral na criança*. Campinas, 1993. 208f. Dissertação (Mestrado em Psicologia da Educação) – Faculdade de Educação, Universidade de Campinas.
ARISTÓTELES. *Ética a Nicômaco*. São Paulo: Nova Cultural, 1996. (col. *Os pensadores*, p.118-320).
BERGER, P. L. & LUCKMANN, T. *A construção social da realidade*: tratado de sociologia do conhecimento. Petrópolis (RJ): Vozes, 1985. 248p.
BIAGGIO, A. M. B. et al. Desenvolvimento moral em estudantes de ciências jurídicas e juízes de direito. *Psicologia: reflexão e crítica*, v. 7, n. 1, p.15-28, 1994.
BRANDÃO, I. de L. O homem que queria eliminar a memória. In: _____. *Cadeiras proibidas*. Rio de Janeiro: Ed. Codecri, 1979, p.33-5.
BRASIL. Secretaria de Educação Fundamental. *Parâmetros curriculares nacionais*: introdução aos parâmetros curriculares nacionais. Brasília: MEC/SEF, 1997. 126p.

_____. *Lei de diretrizes e bases da educação nacional*. Lei n° 9.394. Brasília: Saraiva, 1996.

BRUCKNER, P. *La tentation de l'innocence*. Paris: Grassel, 1995. 275p.

BZUNECK, J. A. *Desenvolvimento moral*: avaliação dos estágios kohlbergianos em crianças e adolescentes de Londrina. São Paulo, 1975. 92f. Dissertação (Mestrado em Psicologia) – Instituto de Psicologia, Universidade de São Paulo.

_____. *Julgamento moral de delinqüentes e não delinqüentes em relação à ausência paterna*. São Paulo, 184f. 1979. Tese (Doutorado em Psicologia) – Instituto de Psicologia, Universidade de São Paulo.

CALLIGARIS, C. *Hello Brasil!* Notas de um psicanalista europeu viajando ao Brasil. São Paulo: Escuta, (1992). 173p.

CAMPBELL, R. & CHRISTOPHER, J. Moral development theory: a critique of its kantian presuppositions. *Developmental Review*, v.16 (1), p.1-47, 1996.

CARRAHER, T. N. et al. *Na vida dez, na escola zero*. São Paulo: Ed. Cortez, 1991. 182p.

CARVALHO, E. A. Apresentação. In: COSTA, *Psicanálise e moral*. São Paulo: Ed. Educ, 1989. p.7-11.

CASTORINA, J. A. et al. *Psicologia genética*: aspectos metodológicos e implicações pedagógicas. Porto Alegre: Artes Médicas, 1988. 130p.

COMTE-SPONVILLE, A. *Pequeno tratado das grandes virtudes*. São Paulo: Martins Fontes, 1995. 392p.

COSTA, J. F. Narcisismo em tempos sombrios. In: BIRMAN, J. (Coord). *Percursos na história da psicanálise*. Rio de Janeiro: Taurus, 1988. p.151-174.

_____. *Psicanálise e moral*. São Paulo: Ed. Educ, 1989. 47p.

_____. A devoração da esperança no próximo. *Folha de S.Paulo*, São Paulo, 22, setembro, 1996. Editoria *Mais*, p.5-8.

_____. A inocente face do terror. *Jornal do Brasil*, Rio de Janeiro, 22, abril, 1997. Editoria Opinião, p.9.

_____. *Razões públicas, emoções privadas*. Rio de Janeiro: Rocco, 1999. 145p.

DELEUZE, G. & GUATTARI, F. *O Anti-Édipo, capitalismo e esquizofrenia*. Lisboa: Assírio & Alvim, 1972.

DORNELLES, B. U. Mecanismos seletivos da escola pública: um estudo etnográfico. In: SCOZ, B. J. L. et al. (Org.). *Psicopedagogia*: o caráter interdisciplinar na formação e atuação profissional. Porto Alegre: Artes Médicas, 1987. p.251-274.

DURKHEIM, E. [1902]. *La educacion moral*. Buenos Aires: Schapire Ed., 1972. 310p.

EPICURO. *Carta sobre a felicidade (a Meneceu)*. São Paulo: Editora Unesp, 1997. 51p.

FERNANDEZ, A. *A inteligência aprisionada*: abordagem psicopedagógica clínica da criança e sua família. Porto Alegre: Artes Médicas, 1990. 380p.

FERREIRA, A. B. de H. *Novo dicionário da língua portuguesa*. Rio de Janeiro: Nova Fronteira, 1986. p.508.

FLANAGAN, O. [1991] Cognition morale: développement et structure profonde. In: _____. *Psychologie morale et éthique*. Paris: Puf, 1996. p.213-237.

FOUCAULT, M. *Microfísica do poder*. Rio de Janeiro: Graal, 1979. 295p.

FREITAG, B. *Sociedade e consciência*: um estudo piagetiano na favela e na escola. São Paulo: Cortez/Autores Associados, 1984. 239p.

_____. *A teoria crítica*: ontem e hoje. São Paulo: Editora Brasiliense, 1988. 185p.

_____. *Itinerários de Antígona*: a questão da moralidade. Campinas, SP: Papirus, 1992. 308p.

FREITAS, L. B. de L. *A moral na obra de Jean Piaget*: um projeto inacabado. São Paulo, 1997. 159f. Tese (Doutorado em Psicologia Social) – Instituto de Psicologia, Universidade de São Paulo.

FREUD, S. (1909). Conferências introdutórias à Psicanálise. *Obras completas*. Madrid: Biblioteca Nueva, 1973. v.2.

FREUD, S. (1913). Totem e tabu. *Edição standard brasileira das obras psicológicas completas*. Rio de Janeiro: Imago, 1980, v.13. 185p.

_____ (1920). Além do princípio do prazer. *Obras completas*. Madrid: Biblioteca Nueva, 1973. v.3.

_____ (1923). O ego e o id. *Edição standard brasileira das obras psicológicas completas*. Rio de Janeiro: Imago, 1980, v.23. 81p.

GILLIGAN, C. *Uma voz diferente*: psicologia da diferença entre homens e mulheres da infância à idade adulta. Rio de Janeiro: Ed. Rosa dos Tempos, 1993. 190p.

GOLDING, W. *Lord of the flies*. Hramondsworth: Penguin Books, 1960. 192p.

GULLO, C. & VITÓRIA, G. Você dá conta deles? Revista *Isto é*, 8, abril, 1998. p.96-100.

JAPIASSU, H. & MARCONDES, D. *Dicionário básico de filosofia*. Rio de Janeiro: Jorge Zahar Editor, 1990. 265p.

KANT, I. (1786). *Fundamentação da metafísica dos costumes* (tradução de Paulo Quintela). Lisboa: Edições 70, 1960. 117p.

_____ (1785). *Metafísica dos costumes*: doutrina das virtudes (sobre a virtude em geral). Trad. Maria Lúcia Cacciola, Band VII, Darmstadt, Herausgegeben von Wilhelm Weischedel, Wissenschaftliche Buchgesellschaft, 1975.

KOHLBERG, L. *Psicologia del desarrollo moral*. Bilbao: De. Desclée, 1992. 661p.

KUNDERA, M. *A insustentável leveza do ser*. Rio de Janeiro: Gráfica, 1983. 318p.

KUPFER, M. C. M. *Freud e a educação*. São Paulo: Scipione, 1988. 103p.

_____. *Desejo de saber*. São Paulo, 1990. 214f. Tese (Doutorado em Psicologia Escolar e do Desenvolvimento Humano) – Instituto de Psicologia, Universidade de São Paulo.

LA BOÉTIE, E. De [1553]. *Discurso da servidão voluntária*. São Paulo: Brasiliense, 1982. 239p.

LA TAILLE, Y de. Desenvolvimento do juízo moral e afetividade na teoria de Jean Piaget. In: _____. (Org.) *Piaget, Vygotsky, Wallon*: teorias psicogenéticas em discussão. São Paulo: Summus, 1992. p.47-73.

_____. Prefácio à edição brasileira. In: PIAGET, J. *O juízo moral na criança*. São Paulo: Summus, 1994. p.7-20.

_____. A indisciplina e o sentimento de vergonha. In: AQUINO, J. G. (Org.). *Indisciplina na escola*: alternativas teóricas e práticas. São Paulo: Summus, 1996. p.9-23.

_____. Para um estudo psicológico da honra. In: BANKS LEITE, L. (Org.). *Percursos piagetianos*. São Paulo: Ed. Cortez, 1997. p.225-241.

_____. Prefácio à edição brasileira. In: PUIG, J. M. *A construção da personalidade moral*. São Paulo: Ática, 1998a. p.7-17.

_____. *Limites*: três dimensões educacionais. São Paulo: Summus, 1998b. 151p.

_____. *As virtudes morais segundo as crianças*. São Paulo: Instituto de Psicologia, 1998c. (mimeo.).

_____. *Vergonha, a ferida moral*. São Paulo, 2000. 192f. Tese (Livre-Docência em Psicologia Escolar e do Desenvolvimento Humano) – Instituto de Psicologia, Universidade de São Paulo.

LASCH, C. *O mínimo eu*: sobrevivência psíquica em tempos difíceis. São Paulo: Brasiliense, 1986. 286p.

LEONTIEV, A. N. *O desenvolvimento do psiquismo*. Lisboa: Livros Horizonte, 1978. 178p.

LEVINE, C. & HEWER, A. Estadios morales. Versión actualizada y respuesta a los críticos. In: KOHLBERG, L. *Psicologia del desarrollo moral*. Bilbao: De. Desclée, 1992. p.215-368.

LÉVY-BRUHL, L. [1902]. *La morale et la science des moeurs*. Paris: PUF, 1953. 293p.

LUKJANENKO, M. F. P. *Um estudo sobre a relação entre o julgamento moral do professor e o ambiente escolar por ele proporcionado*. Campinas, 1995. 167f. Dissertação (Mestrado em Psicologia da Educação) – Faculdade de Educação, Universidade de Campinas.

MACEDO, L. de. Para uma psicopedagogia construtivista. In: ALENCAR, E. S. de (Org.). *Novas contribuições da psicologia aos processos de ensino e aprendizagem*. São Paulo: Ed. Cortez, 1992. p.119-40.

MATTOS, O. O mal estar da cultura. *Leia*, São Paulo, julho, 1988. p.20.

MENIN, M. S. de S. *Autonomia e heteronomia às regras escolares*: observações e entrevistas na escola. São Paulo, 1985. 215f. Dissertação (Mestrado em Psicologia Escolar e do Desenvolvimento Humano) – Instituto de Psicologia, Universidade de São Paulo.

_____. Desenvolvimento moral: refletindo com pais e professores. In: MACEDO, L. de (Org.). *Cinco estudos de educação moral*. São Paulo: Casa do Psicólogo, 1996. p.37-107.

MEZAN, R. Entrevista. *Folha de S.Paulo*, São Paulo, 1º nov. 1992. Mais, p.5-6.

NASCIMENTO, M. M. do. Ética. In: CHAUÍ, M. *Primeira filosofia*: lições introdutórias. São Paulo: Ed. Brasiliense, 1985. p.259-88.

OLIVEIRA, R. de. Prática da mentira é "necessidade social". *Folha de S.Paulo*, São Paulo, 1º, abril, 2001. p.C-8.

PASCAL, B. *Pensamentos*. São Paulo: Ed. Victor Civita, 1973. (Col. Os pensadores, 16). p.39-280.

PATTO, M. H. S. A criança da escola pública: deficiente, diferente ou mal trabalhada? In: SÃO PAULO (Estado). Secretaria da Educação. CENP. *Ciclo básico*. São Paulo: SE/Cenp, 1987. p.51-61.

_____. *A produção do fracasso escolar*: histórias de submissão e rebeldia. São Paulo: T. A. Queiroz, 1990. 385p.

PENNA, A. G. *Introdução à psicologia política*. Rio de Janeiro: Imago, 1995. 173p.

PESSANHA, J. A. M. Sócrates: vida e obra. In: PLATÃO. *Defesa de Sócrates*. São Paulo: Nova Cultural, 1987 (col. *Os pensadores*). p.VII-XXIII.

PIAGET, J. *Les relations entre l'affectivité et l'intelligence dans le développement mental de l'enfant*. Paris: Centre de Documentation Universitaire, 1954.

_____ [1932]. *Le jugement moral chez l'enfant*. Paris: Puf, 1969. 334p.

_____ [1964]. A explicação em sociologia. In: _____. *Estudos sociológicos*. Rio de Janeiro: Forense, 1973. p.17-113.

_____. [1964] *Seis estudos de psicologia*. Rio de Janeiro: Ed. Forense Universitária Ltda, 1973.151p.

_____. [1948] *Para onde vai a educação?* Rio de Janeiro: José Olympio, 1977. 92p.

_____ [1932]. *O juízo moral na criança*. São Paulo: Summus, 1994. 302p.

_____. [1930] Os procedimentos da educação moral. In: MACEDO, L. de. *Cinco estudos de educação moral*. São Paulo: Casa do Psicólogo, 1996. p.1-36.

_____ (1934). É possível uma educação para a paz? In: PARRAT, S. & TRYPHON, A. (Orgs.). *Sobre a pedagogia*: textos inéditos. São Paulo: Casa do Psicólogo, 1998. p.131-136.

PLATÃO. *Defesa de Sócrates*. São Paulo: Nova Cultural, 1987. (col. Os pensadores). p.1-27.

POLLAK, S. & GILLIGAN, C. Images of violence in thematic apperception test stories. *Jornal of Personality and Social Psychology* 42, n.1 (1982): 159-167.

POPPER, K. R. (1935). *A lógica da pesquisa científica*. São Paulo: Cultrix, 1975. 566p.

RAMOZZI-CHIAROTTINO, Z. Uma hipótese a respeito da causa da disfasia ou retardo simples de linguagem. *Boletim de Psicologia*. Sociedade de Psicologia de São Paulo. v.XXXIII, n. 80, 1981, p.71.

ROUANET, S. P. *As razões do iluminismo*. São Paulo: Companhia das Letras, 1987. 349p.

_____. *Teoria crítica e psicanálise*. Rio de Janeiro: Tempo Brasileiro, 1989. 377p.

SAVATER, F. *Ética para meu filho*. São Paulo: Martins Fontes, 1996. 176p.

SENETT, R. *O declínio do homem público*: as tiranias da intimidade. São Paulo: Companhia das Letras, 1988.

SIBONY, D. Divisor de águas. In: CZECHOWSKY, N. (Org.) *A fidelidade*: um horizonte, uma troca, uma memória. Porto Alegre: L&PM, 1992. p.13-24.

SILVA, N. P. A origem da moral em Freud. *Perfil*: revista de psicologia do departamento de psicologia clínica. Faculdade de Ciências e Letras da Unesp de Assis, n.11, p.61-9, 1998.

_____. *Entre o público e o privado*: um estudo sobre a Fidelidade à palavra empenhada. São Paulo, 2002, 353f. Tese (doutorado em Psicologia Escolar e do Desenvolvimento Humano) – Instituto de Psicologia, Universidade de São Paulo.

SÓFOCLES. *Antígona* (tradução de Millôr Fernandes). Rio de Janeiro: Paz e Terra, 1996. 56p.

TAYLOR, C. (1989). *As fontes do self*: a construção da identidade moderna. São Paulo: Ed. Loyola, 1997. 670p.

TOCQUEVILLE, A. de (1835). *O antigo regime e a revolução*. São Paulo: Ed. Victor Civita, 1973 (Col. Os pensadores, 29).

TUGENDHAT, E. *Lições sobre ética*. Petrópolis (RJ): Vozes, 1996. 430p.

ZEMPLENI, A. A amiga e o estrangeiro. In: CZECHOWSKY, N. (Org.) *A fidelidade*: um horizonte, uma troca, uma memória. Porto Alegre: L&PM, 1992. p.55-72.

VARELLA, D. *Estação Carandiru*. São Paulo: Companhia das Letras, 1999. 295p.

VEIGA, A. Criança pensando como gente grande. *Revista Veja*, 16, maio, 2001. p.70-72.

WAJSBROT, C. Prefácio. In: CZECHOWSKY, N. (Org.) *A fidelidade*: um horizonte, uma troca, uma memória. Porto Alegre: L&PM, 1992. p.7-9.

WILDE, O. (1890). *O retrato de Dorian Gray*. São Paulo: Martin Claret, 1999. 190p.

SOBRE O LIVRO

Formato: 14 x 21 cm
Mancha: 23,7 x 42,5 paicas
Tipologia: Horley Old Style 10,5/14
Papel: Offset 75 g/m² (miolo)
Cartão Supremo 250 g/m² (capa)
1ª edição: 2006

EQUIPE DE REALIZAÇÃO

Coordenação Geral
Marcos Keith Takahashi

Impressão e Acabamento